Inhalt

W0179957

Ein Wort zuvor

Guppys, Platys und Mollys sind beliebt wie keine andere Fischart. Ihre Haltung und Pflege scheint auf den ersten Blick kein Problem zu sein. Doch sollte sich jeder Aquarianer fragen: Fühlen sich die Fische wirklich wohl im Aquarium? Zeigen sie ihre natürlichen Verhaltensweisen und volle Farbenpracht? Dieser neue GU Aquarien-Ratgeber hilft Ihnen die idealen Haltungsbedingungen für diese Fische zu schaffen und macht Sie außerdem mit den interessanten Verwandten der Guppys und Platys bekannt. Das sind beispielsweise die Vieraugenfische, die gleichzeitig über und unter Wasser sehen können und die Halbschnäbler mit ihrer bleistiftförmigen Gestalt.

Die artgerechte Haltung dieser weniger bekannten Arten der Lebendgebärenden verlangt spezielle Kenntnisse des Auarianers. Wie Sie Lebendgebärende richtig pflegen und Haltungsfehler von Anfang an vermeiden können, erklärt Ihnen der Autor dieses Buches, Harro Hieronimus. Er hält und züchtet seit vielen Jahren Lebendgebärende und gibt seine praktischen Erfahrungen in diesem Aquarien-Ratgeber an Sie weiter. Sie erfahren alles über die Lebensweise der Lebendgebärenden in der Natur, ihren natürlichen Lebensraum und ihre Verhaltensweisen, denn daraus lassen sich oft Rückschlüsse auf die Haltung im Aquarium ziehen. In dem Kapitel »Ratschläge für die Anschaffung« finden Sie Tips zum Kauf und für die Vergesellschaftung mit anderen Fischarten.

Das richtige Aquarium, dessen Einrichtung und die richtigen Wasserverhältnisse sind entscheidend für eine gut funktionierende Aquariengemeinschaft. Harro Hieronimus gibt Ihnen hierzu ausführliche Informationen. Der artgerechten Ernährung ist ein eigenes Kapitel gewidmet, weil abwechslungsreiches Futter für die Gesundheit der Lebendgebärenden überaus wichtig ist. Sollten Ihre Fische trotz bester Haltung, Pflege und Fütterung dennoch einmal krank werden, finden Sie in dem Kapitel »Krankheiten der Lebendgebärenden« Rat und Hilfe.

Die erfolgreiche Vermehrung ist in der Regel ein Zeichen dafür, daß Sie Ihren Fischen die richtigen Bedingungen im Aquarium geboten haben. Wie Sie Lebendgebärende züchten und worauf es bei der Zucht ankommt, können Sie in diesem Aquarien-Ratgeber nachlesen.

Ein besonderer Aspekt, Lebendgebärende zu pflegen, ist für viele Aquarianer die Tatsache, daß man mit einigen Arten Hochzucht betreiben kann. Das bedeutet, wer Grundkenntnisse der Vererbungslehre hat, kann Fische züchten, deren Flossenform, Farbe des Schuppenkleides und Körperform von der natürlichen Form, der Wildform, abweicht. Seine langjährigen praktischen Erfahrungen zu diesem Thema mit speziellen Tips für die Guppy-, Schwertträger-, Platy- und Molly-Hochzucht hat Harro Hieronimus für Sie zusammengefaßt. Im Artenteil des Buches finden Sie ausführliche Beschreibungen beliebter Arten der Lebendgebärenden mit Angaben zu Aussehen, Biotop, Geschlechtsunterschieden, speziellen Angaben zur Haltung und Zucht und Vergesellschaftungstips. Brilliante Farbfotos und informative Zeichnungen vermitteln ein eindrucksvolles Bild von der Vielgestaltigkeit und Schönheit der Lebendgebärenden. Viel Freude mit Ihren Lebendgebärenden wünscht Ihnen der Autor und die GU Naturbuch-Redaktion.

Autor und Verlag danken allen, die zur Entstehung dieses Buches beigetragen haben: Ulrich Schliewen für seine fachliche Beratung. Den Fotografen für ihre außergewöhnlichen Farbfotos. Dem Zeichner Fritz W. Köhler für die informativen Zeichnungen und Herrn Harald Jes, Leiter des Kölner Aquariums am Zoo, für die Durchsicht des Kapitels »Krankheiten der Lebendgebärenden«.

Wissenswertes über Lebendgebärende

Eine Familie stellt sich vor

Haben Sie schon einmal die Geburt von Fischen beobachtet, die fast voll entwickelt zur Welt gebracht werden? Und kennen Sie Fische, die gleichzeitig sowohl über als auch unter Wasser sehen können? Diese faszinierenden Erlebnisse bieten die Lebendgebärenden, eine Fischgruppe, deren Pflege bei Aquarianern immer beliebter wird.

In der Aquaristik spielen vor allem vier Familien von Lebendgebärenden eine bedeutende Rolle:

Lebendgebärende Zahnkarpfen (Poeciliidae) stellen mit fast 200 Arten die größte Gruppe. Ihren Namen bekamen die Zahnkarpfen wegen ihrer Zähne auf der Ober- und Unterlippe, die allerdings meist nur unter dem Mikroskop zu erkennen sind.

Zahnkarpfen werden sehr häufig in Aquarien gepflegt. Nach ihnen hat sich die Deutsche Gesellschaft für Lebendgebärende Zahnkarpfen e. V. benannt (→ Adressen, die weiterhelfen, Seite 72).

Hochlandkärpflinge (Goodeidae) findet man schon seltener in Aquarien. Von diesen Lebendgebärenden sind etwa 35 Arten bekannt.

Lebendgebärende Halbschnäbler (Hemirhamphidae) fallen sofort durch ihre hechtartige Körperform und ihr schnabelartiges Maul auf. Diese Fischfamilie umfaßt etwa 20 Arten.

Vieraugenfische und Linienkärpflinge (Anablepidae) bilden schließlich die vierte Fischfamilie. Sie gehören sicher zu den interessantesten Aquarienbewohnern. Der Vieraugenfisch besitzt die erstaunliche Fähigkeit, gleichzeitig über und unter Wasser sehen zu können.

Hinweis: Aus allen genannten Fischfamilien finden Sie in den Steckbriefen ab Seite 56 genaue Pflegeanleitungen der bekanntesten Vertreter.

Wo Lebendgebärende zu Hause sind

Die Heimat der Lebendgebärenden beschränkt sich auf zwei Kontinente, Amerika und Asien. Lebendgebärende Zahnkarpfen kamen ursprünglich nur in Amerika, von den USA im Norden bis nach Argentinien im Süden, vor. Weil diese Fische sich vorwiegend von Mücken und deren Larven ernähren, brachte das Wissenschaftler auf die Idee, sie als biologische Schädlingsbekämpfer gegen Mückenplagen einzusetzen. Man setzte wilde Lebendgebärende Zahnkarpfen wie beispielsweise Guppys (→ Seite 61) und Gambusen (→ Seite 58) in Sumpfgebieten verschiedenster Länder der Erde aus. Auf diese Weise verbreiteten sie sich in fast allen tropischen und subtropischen Gewässern der Welt. Man findet sie auch in vielen Teilen Südeuropas und kann sie im Urlaub selbst fangen!

Hochlandkärpflinge kommen in Mexiko vor. Sie bewohnen die Flüsse und Seen des Hoch-

Geburt eines Hochlandkärpflings. Im Mutterleib werden die Jungen über eine Art Nabelschnur ernährt. Bei der Geburt sind sie fast voll entwickelt.

Wissenswertes über Lebendgebärende

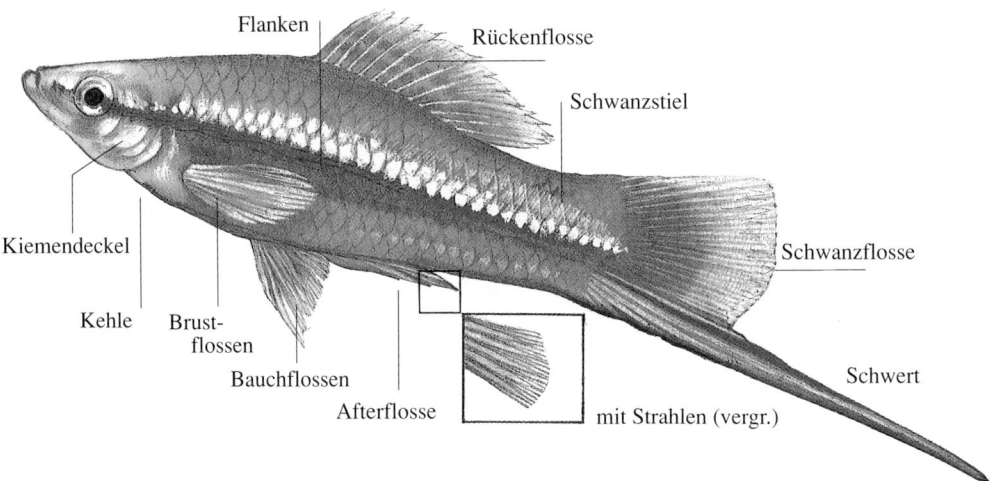

Flanken

Rückenflosse

Schwanzstiel

Kiemendeckel

Schwanzflosse

Kehle Brust-
flossen

Bauchflossen

Schwert

Afterflosse

mit Strahlen (vergr.)

<u>Körperbau der Lebendgebärenden.</u> Kenntnisse der Anatomie helfen Ihnen bei der Bestimmung der Arten.

landes und sind auch noch in den Flüssen, die vom Hochland zum Pazifik hinabfließen, zu finden.

<u>Halbschnäbler</u> sind in ganz Südostasien verbreitet. Man findet sie von Indien bis Indonesien und auf den Philippinen. Sie leben sowohl in Süß- als auch in Brackwasser.

<u>Vieraugenfische und Linienkärpflinge</u> stammen aus dem Bereich der atlantischen Küste Mittel- und Südamerikas (von Mexiko bis Brasilien). Sie leben im Brackwasser der Mangrovensümpfe und sind manchmal sogar in reinem Seewasser zu finden. Vieraugenfische hat man aber auch schon mehrere hundert Kilometer weit im Landesinneren, in reinem Süßwasser, entdeckt.

Lebendgebärende im Aquarium

Die ersten Lebendgebärenden kamen um 1890 in europäische Aquarien. Nach der aufregenden Entdeckung, daß sie lebende Junge werfen, interessierten sich viele Aquarianer für sie. Die rege Nachfrage führte zu sehr hohen Preisen. So zahlten Liebhaber um 1900 über 20 Goldmark

für ein Pärchen Kaudis (*Phalloceros caudimaculatus*). Das war mehr als der Monatslohn eines Arbeiters. Glücklicherweise vermehrten sich die Lebendgebärenden in den Aquarien sehr gut, so daß die Preise bald sanken. Seltenere Arten wie beispielsweise die Vertreter der Gattung *Priapella* wurden erst in den sechziger Jahren eingeführt.

Sind die lateinischen Namen wichtig?

Obwohl sich die deutschen Namen bei den beliebtesten Lebendgebärenden wie etwa dem Guppy gut eingeprägt haben, sind die lateinischen Namen dennoch wichtig. Wer die lateinische Bezeichnung seiner Fische kennt, hat mit Aquarianern aus anderen Ländern keine Verständigungsschwierigkeiten. Außerdem haben seltener eingeführte Arten oft noch keinen deutschen Populärnamen.

1758 führte Carl von Linné die sogenannte Binominale Nomenklatur (Bezeichnung mit zwei Namen) ein. Seither wird jedes Lebewesen – ob Tier oder Pflanze – in dieser Weise klassifiziert.

Wissenswertes über Lebendgebärende

Der erste Name gibt die Gattung an, zu der ein Lebewesen gehört.

Der zweite Name bezeichnet die Art. Dazu ein Beispiel: Der Kaudi hat den lateinischen Namen *Phalloceros caudimaculatus*. Dieser Fisch gehört also zur Gattung *Phalloceros* und trägt den Artnamen *caudimaculatus*.

Die Lebensweise der Lebendgebärenden

Jeder Aquarianer sollte die Lebensweise seiner Pfleglinge kennen, denn daraus lassen sich oft Rückschlüsse auf die Haltung im Aquarium ziehen.

Sozialverhalten: In der Natur leben viele Lebendgebärende in Schwärmen zusammen. Innerhalb des Schwarms bildet sich im Aquarium meist eine Rangordnung. Das stärkste Männchen hat schönere Farben als die anderen Fische des Schwarms. Es wird als Alpha-Tier bezeichnet. Im Aquarium läßt sich gut beobachten, daß das Alpha-Tier immer als erstes bei der Fütterung ist und andere Fische vertreibt, wenn sie ihm in den Weg schwimmen. Stirbt das ranghöchste Männchen oder wird es aus dem Schwarm herausgefangen, tritt in der Regel das zweithöchste Männchen, das Beta-Tier, an seine Stelle.

Die meisten Lebendgebärenden sind untereinander sehr friedlich und vertragen sich auch mit anderen Fischarten gut. Nur einige wenige Arten wie zum Beispiel die Hechtkärpflinge (→ Seite 57) leben räuberisch und können im Aquarium nur mit etwa gleichgroßen anderen Fischen gepflegt werden.

Die Männchen beispielsweise der Schwertträger sind untereinander sehr aggressiv. Für ihre Haltung im Aquarium empfiehlt es sich daher, entweder nur ein Männchen mit mehreren Weibchen oder aber mindestens fünf Männchen mit gleichviel oder mehr Weibchen zu pflegen. So »verteilt« sich die Aggression unter vielen Männchen.

Kleinste Jungfische sind in Gesellschaft mit ausgewachsenen oder halbwüchsigen Lebendgebärenden leider ständig in Gefahr. Fast alle Lebendgebärenden stellen ihnen nach und fressen ihre eigenen Jungen, wenn sie Gelegenheit dazu bekommen.

Balzverhalten: Es läuft bei den Lebendgebärenden sehr unterschiedlich ab. Viele Arten verhalten sich während der Balz stürmisch, so etwa die Guppys oder Schwertträger. Die Männchen schwimmen in schnellen Bögen sichelförmig vor dem Weibchen hin und her. Andere Arten, zum Beispiel die Mollys (→ Seite 61) stehen mit gespreizten Flossen vor den Weibchen und zeigen ihnen ihre Flossen- und Farbenpracht. All dies dient dazu, die Weibchen auf die Begattung einzustimmen.

Bei wieder anderen Arten, etwa *Girardinus metallicus* (→ Seite 59), ist das Balzverhalten weniger stark ausgeprägt. Die Männchen stoßen plötzlich aus einem Versteck heraus auf die Weibchen zu und verschwinden sofort nach der Begattung wieder.

Begattung: Der Begattungsvorgang ist bei allen Arten gleich. Die Männchen schwimmen seitlich neben die Weibchen und befruchten sie mit Hilfe der Afterflosse, die als Begattungsorgan dient.

Je nach Art unterscheidet sich die Form der Afterflosse.

Bei den Lebendgebärenden Zahnkarpfen wachsen sich die mittleren Strahlen der Afterflosse mit Eintreten der Geschlechtsreife zum Begattungsorgan (→ Zeichnung, Seite 6) aus. Die beiden vorderen und hinteren Strahlen bleiben deutlich kleiner.

• Das Begattungsorgan wird Gonopodium genannt.

Je nachdem, wie das Gonopodium ausgebildet ist, können Gattungen, oft aber auch Arten unterschieden werden. Das Gonopodium endet bei den meisten Arten mit einem mehr oder weniger deutlichen Haken oder einer Klaue. Bei der Befruchtung führen die Männchen das

Wissenswertes über Lebendgebärenden

Gonopodium kurz in die Geschlechtsöffnung des Weibchens ein. Mit dem Haken oder der Klaue können sie sich während der Übergabe des Samenpakets besser festhalten. Dies erhöht natürlich den Befruchtungserfolg, weil die Begattungszeit länger ist. Trotzdem ist von vielleicht zehn Befruchtungsversuchen oft nur einer erfolgreich.

• Die Afterflosse der männlichen Vieraugenfische und Linienkärpflinge wandelt sich zu einem röhrenförmigen Begattungsorgan um.

• Bei den Hochlandkärpflingen und Halbschnäblern ist nur der vordere Teil der Afterflosse etwas verkürzt und verdickt (Ausnahme: *Hemirhamphodon*, hier ist es nur der hintere Teil, → Seite 68). Ihr Begattungsorgan wird Andropodium genannt und ist nur zu erkennen, wenn Sie ganz genau hinschauen.

<u>Hinweis:</u> Ist ein Weibchen nicht paarungswillig, versucht es, dem Männchen zu entfliehen. Darum müssen im Aquarium immer einige Verstecke vorhanden sein (→ Dekoration, Seite 21).

Bedrängt ein Männchen ein Weibchen zu stark, verletzt es gar seine Flossen, müssen Sie eingreifen. Setzen Sie entweder das Weibchen oder das Männchen für etwa eine Woche in ein separates Becken oder halten Sie einfach mehr Weibchen als Männchen im Aquarium, so daß das Männchen sich nicht nur mit einem Weibchen beschäftigen muß.

<u>Fortpflanzungsverhalten:</u> Lebendgebären, also das Entwickeln und Beschützen der Jungen in der weiblichen Leibeshöhle bis zum Schlupf, ist die höchstentwickelte Form der Brutpflege. Die Jungen aller Lebendgebärenden kommen fast voll ausgebildet zur Welt. Lediglich der Vorgang des Lebendgebärens unterscheidet sich von Art zu Art. Bei den Lebendgebärenden Zahnkarpfen, den Poeciliidae, tragen die Weibchen befruchtete Eier, die in der Leibeshöhle heranreifen. Erst kurz vor dem Werfen schlüpfen die Jungen aus dem Ei. Die Weibchen der Hochlandkärpflinge ernähren ihre Jungen über eine Art Nabelschnur. Die Jungen sind nicht von einer Eihülle umgeben. Sogar noch einige Stunden nach der Geburt sind diese Nabelschnüre zu erkennen. Vieraugenfische wie auch einige Halbschnäbler haben eine ähnliche Jungenentwicklung.

Eine erstaunliche Einrichtung der Natur ist die Vorratsbefruchtung bei den Lebendgebärenden Zahnkarpfen, den Vieraugenfischen und den Halbschnäblern. Die Männchen übertragen bei der Begattung mehr Samenpakete oder eine größere Zahl von Spermien, als für eine einmalige Befruchtung nötig ist. Sie werden vom Weibchen im Körper gelagert und können bei Bedarf abgerufen werden. Die Weibchen sind dadurch in der Lage, nach einer einmaligen Befruchtung mehrere Male Junge zu werfen. Ein Gambusenweibchen, das im Aquarium gepflegt wurde, brachte es auf 11 Würfe, nachdem es nur einmal befruchtet wurde.

Hochlandkärpflinge haben keine Vorratsbefruchtung. Die Weibchen müssen nach jedem Wurf erneut von einem Männchen befruchtet werden, bevor sie wieder werfen können.

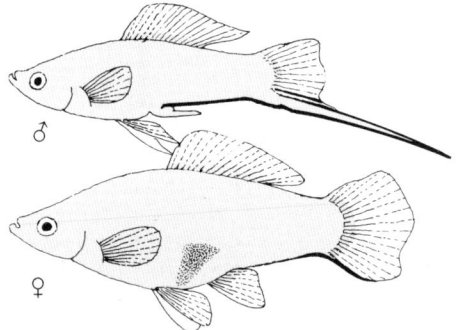

<u>Geschlechtsunterscheidung.</u> Das Männchen des Schwertträgers (oben) hat im Gegensatz zum Weibchen (unten) spitzer zulaufende Flossen. Die Afterflosse des Männchens hat sich zum Begattungsorgan, dem Gonopodium, umgebildet.

Ratschläge für die Anschaffung

Wo Sie Lebendgebärende bekommen

Zoofachhandel: Lebendgebärende werden in Zoofachgeschäften regelmäßig angeboten und zu günstigen Preisen verkauft. Allerdings handelt es sich dabei meist um Nachzuchten, die aus Liebhaberzuchten stammen und in den verschiedensten Zucht- und Farbformen (→ Seite 44) in den Handel gelangen. Wildformen findet man selten in den Zoofachgeschäften. Das liegt vor allem daran, daß die Ursprungsländer der meisten Lebendgebärenden nur spärlich Fische exportieren. Mittelamerika beispielsweise hat zwar eine große Artenvielfalt lebendgebärender Fische aufzuweisen, exportiert aber nicht regelmäßig.

Aquarienvereine: Wer Wildformen pflegen möchte, wendet sich am besten an Aquarienvereine, wie die Deutsche Gesellschaft für Lebendgebärende Zahnkarpfen e.V. (DGLZ, → Adressen, die weiterhelfen, Seite 72). Durch viele internationale Kontakte und Reisen von Mitgliedern kommen fast jedes Jahr neue, interessante Arten nach Europa. Auf den regionalen und überregionalen Treffen tauschen oder verkaufen die Aquarianer dann ihre »Schätze«. (Über alle Termine informieren die einschlägigen aquaristischen Fachzeitschriften, → Adressen, die weiterhelfen, Seite 72).

Fachzeitschriften: In Fachzeitschriften (→ Adressen, die weiterhelfen, Seite 72) inserieren Züchter oder Mitglieder der Aquarienvereine regelmäßig, wenn sie Fische abzugeben haben. Auch Zoofachgeschäfte, die sich auf seltenere Arten spezialisiert haben, teilen in Form eines Inserats mit, welche Fische sie anbieten können.

Mein Tip: Grundsätzlich empfehle ich Ihnen, die Fische immer persönlich zu begutachten, bevor Sie sie kaufen. Nur wenn Sie sich selbst vom Gesundheitszustand der Fische (→ rechts) überzeugt haben, sind Sie in der Regel vor Enttäuschungen und unangenehmen Überraschungen sicher.

Die beste Zeit zum Kauf

Kaufen Sie Ihre Fische im Frühjahr, Herbst oder um Weihnachten. In diesen Zeiten ist nicht nur das Angebot an Lebendgebärenden besonders groß, sondern die Fische haben sich auch bis zur Urlaubssaison gut eingewöhnt und können unbesorgt von einem Urlaubsvertreter (→ Seite 26) gepflegt werden.

Züchter versenden in der Regel Fische nur in der wärmeren Jahreszeit zwischen Mai und September. Händler haben eine spezielle Winterverpackung, sie verschicken die Fische – gegen Aufpreis – zu jeder Jahreszeit.

Hinweis: Ein Kauf per Versand setzt sowohl von seiten des Anbieters als auch von seiten des Käufers größtes Vertrauen voraus. Bestimmte Eigenschaften der Fische wie zum Beispiel das Geschlecht oder die Zuchtform sollten in diesem Fall schriftlich garantiert werden. Vereinbaren Sie auch ein Rückgaberecht, falls die Fische tot ankommen. Tote Fische werden in Spiritus eingelegt und auf Verlangen an den Absender zurückgeschickt.

Die beste Versandart ist übrigens der Postversand. Als Eilsendung sind die Fische meist innerhalb 24 Stunden beim Empfänger. Zwischen größeren Bahnstationen ist auch der Bahnversand als Expreßgut empfehlenswert. In kleineren Ortschaften dauert dieser Weg aber oft zu lang.

Ist der Fisch gesund?

Bevor Sie einen Fisch kaufen, sollten Sie ihn sich genau anschauen. Viele Krankheiten sind bereits äußerlich zu erkennen. Betrachten Sie vor allem Körper, Haut, Flossen, Augen und Kiemen des Fisches (→ Zeichnung, Seite 10).

Körper: Die Bauchlinie gesunder Lebendgebärender ist immer ausgebogen, bei den Weibchen stärker als bei den Männchen. Die Fische wirken »rund«. Das gilt auch für Weibchen, die gerade geworfen haben. Nur diese Weibchen dürfen sehr schlank sein, alle anderen Fische sollten einen gut genährten Eindruck machen.

Vorsicht vor aufgetriebenen Bäuchen mit abstehenden Schuppen! Diese Fische sind unheilbar krank.

Wirkt der Kopf im Verhältnis zum übrigen Körper unnatürlich groß, so haben die Fische meist längere Hungerperioden hinter sich. Das müssen keine Todeskandidaten sein, zur Zucht sind sie aber kaum zu gebrauchen.

Haut: Die Haut darf weder weißliche Beläge noch Schimmel oder weiße Pünktchen haben (→ Krankheiten, Seite 36). Die Schuppen müssen dicht anliegen. Achten Sie besonders auf die Maulspitze, auch sie darf keinen weißen Belag haben.

Flossen: Fehlende oder unvollständige Flossen sind nie ein gutes Zeichen. Ausgefranste Flossenränder sind meist Anzeichen für Krankheiten (→ Seite 36).

Gesunde Fische stellen die Flossen (bei einigen Arten bis auf die Rückenflosse) deutlich ab. Fische, die die Flossen klemmen und eventuell auch noch hin und her schaukeln, fühlen sich nicht wohl und sind besonders krankheitsanfällig.

Augen: Die Augen müssen klar sein und dürfen nicht unnatürlich aus dem Kopf herausstehen.

Kiemen: Gesunde Fische atmen langsam, in dicht besetzten Aquarien etwas schneller. Die Kiemendeckel liegen in den Atempausen dicht an. Während des Atmens sind die Kiemendeckel leicht abgespreizt, und man sieht das darunterliegende Kiemengewebe. Es hat bei einem gesunden Fisch eine hellrötliche Farbe.

Mein Tip: Kaufen Sie nur äußerlich gesunde Fische, auch wenn es Ihnen schwerfällt, weil Sie vielleicht gerade den lange gesuchten Fisch gefunden haben. Schon häufig kam es in Becken mit gesundem Fischbestand zu Katastrophen, wenn kranke Fische dazugesetzt wurden.

Gesundheitszustand prüfen

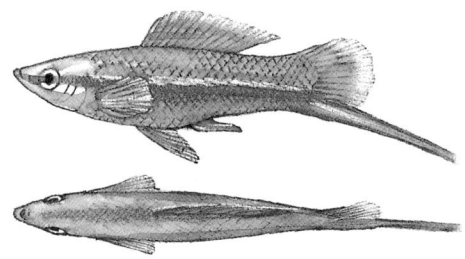

Schauen Sie sich beim Kauf den Fisch sowohl von der Seite als auch von oben genau an.

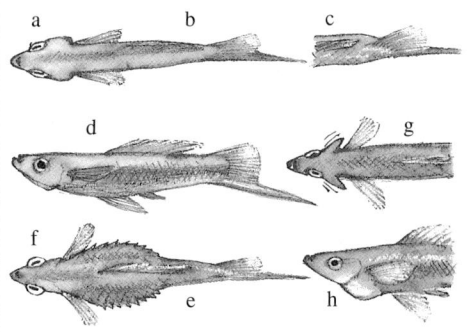

Kaufen Sie den Fisch nicht, wenn Sie folgendes beobachten:
a Der Kopf wirkt seitlich stark abgesetzt.
b Der Körper ist wesentlich schmaler als der Kopf.
c Der Schwanzstiel zeigt eine Verdickung.
d Geklemmte Flossen.
e Aufgetriebener Bauch.
f Glotzaugen.
g Fortwährend abstehende Kiemendeckel.
h Verdickung der Kehle.

Ratschläge für die Anschaffung

Einzeln, paarweise oder im Schwarm kaufen?

Viele Lebendgebärende sind Schwarmfische. Deswegen sollten Sie immer ein Paar, besser aber mehrere Tiere kaufen. Ein Schwarm besteht aus mindestens 5 bis 6 Fischen, wobei die Weibchen immer in der Überzahl (beispielsweise 2 Männchen, 3 bis 4 Weibchen) sein sollten.

Für die Schwertträger (→ Seite 65) gilt ein anderes Verhältnis, weil die Männchen untereinander sehr aggressiv sind. Kaufen Sie einen kleinen Schwarm von 5 oder 6 Fischen mit nur einem Männchen.

Einzeln sollten Sie Lebendgebärende nur dann kaufen, wenn Sic ein trächtiges Weibchen bekommen, um damit einen Stamm aufzubauen.

Mein Tip: Achten Sie besonders darauf, daß die Fische beim Kauf etwa gleich groß sind. Vor allem zu junge Weibchen können von größeren Männchen stark bedrängt werden. Auch bei der Fütterung kann es Probleme geben. Die größeren Fische schnappen den kleineren oft das Futter weg oder vertreiben sie vom Futterplatz.

Geschlechtsunterscheidung

Die Geschlechtsunterscheidung bei mindestens halbwüchsigen Lebendgebärenden ist sehr einfach.

Männchen: Bei den Männchen der Lebendgebärenden Zahnkarpfen und den Vieraugenfischen entwickelt sich aus der Afterflosse das Gonopodium (→ Seite 7/8), das immer viel dünner als die Afterflosse der Weibchen und zugespitzt ist. Das Andropodium (→ Seite 8) der Männchen der Hochlandkärpflinge und Halbschnäbler ist oft nur schlecht und erst bei fast erwachsenen Tieren zu erkennen. Dafür sind die Geschlechter dieser Arten in der Regel gut an den Farben zu unterscheiden. Die Männchen sind wesentlich prächtiger gefärbt als die Weibchen. Die Rückenflosse kann bei den Männchen größer und anders geformt (zum Beispiel leicht ausgezogen) sein als bei den Weibchen.

Die Männchen aller Lebendgebärenden sind schlanker als die Weibchen und bleiben meist etwas kleiner. Das läßt sich aber nur bei fast ausgewachsenen Fischen erkennen.

Weibchen: Die Weibchen aller Lebendgebärenden haben eine normal entwickelte Afterflosse. Bei vielen Arten ist der Bereich vor der Afterflosse dunkel gefärbt. Vor allem, wenn sie hoch trächtig sind, ist dieser Fleck besonders gut zu sehen. Deshalb wird er auch als Trächtigkeitsfleck bezeichnet. Lediglich die Weibchen der Vieraugenfische, Linienkärpflinge und Halbschnäbler haben keinen Trächtigkeitsfleck. Im Gegensatz zu den Männchen sind die Weibchen der Lebendgebärenden meist dicker und größer.

Hinweis: Die Grundfärbung des Schuppenkleides ist bei den meisten Lebendgebärenden (Ausnahme: Hochlandkärpflinge und Halbschnäbler) in beiden Geschlechtern gleich.

Mein Tip: Bei halbwüchsigen oder Jungtieren sind oft noch keine Geschlechter zu unterscheiden. Hier hilft nur, mindestens fünf Tiere zu erwerben und darauf zu hoffen, daß darunter beide Geschlechter vertreten sind.

Der Transport von Lebendgebärenden

Wie Lebendgebärende am besten transportiert werden, hängt zum einen von der Größe, aber auch von der Aggressivität der Art ab.

Jungfische bis 2 cm Länge können auch über längere Zeit zu fünft oder sechst in einem normalen Fischtransportbeutel untergebracht werden.

Fische bis 7 cm Länge können Sie entweder einzeln in einem normalen oder paarweise in einem größeren Beutel transportieren.

Fische über 7 cm Länge immer einzeln in einen Beutel verpacken.

Ratschläge für die Anschaffung

Hochlandkärpflinge immer einzeln transportieren. Im engen Transportbeutel werden die Fische aggressiv. Schon zwei Exemplare können sich innerhalb kurzer Zeit bis zum Tod bekämpfen. Grundsätzlich gilt für jeden Transport: Der Beutel darf nur zu etwa $1/5$ mit Wasser gefüllt sein. Für den Luftaustausch im Wasser ist es wichtig, daß möglichst viel Luft im Beutel ist. Entweder Sie füllen den Beutel mit Hilfe einer Membranpumpe oder notfalls auch durch Aufblasen mit Atemluft.

Sollen Fische über mehr als 8 Stunden Dauer transportiert werden, kann auch reiner Sauerstoff zur Beutelfüllung benutzt werden. Vor allem im Hochsommer können sich die Transportbeutel stark aufheizen. Schon eine Viertelstunde im Auto in der prallen Sonne (auch während der Fahrt) kann tödlich für die Fische sein. Ebenso kühlen Beutel im Winter schnell ab. Viele Zoofachhändler packen den Transportbeutel mit den Fischen in Zeitungspapier ein. Das schützt die Fische kurzfristig vor zu hohen Temperaturschwankungen und dunkelt zusätzlich ab. Die Fische bleiben im abgedunkelten Beutel ruhiger, der Transportstreß verringert sich.

Hinweis: Beim Versand von Fischen sollte der Transportbeutel stets durch eine Styroporverpackung geschützt werden, um starke Temperaturschwankungen zu vermeiden. Verschicken Sie selbst, dürfen die Fische mindestens einen Tag vor dem Transport nicht mehr gefüttert werden. Sie verschmutzen das Transportwasser sonst durch zuviel Kot.

Ist Quarantäne unerläßlich?

Bei äußerlich gesunden Fischen kann meiner Meinung nach auf eine Quarantäne verzichtet werden. Setzen Sie die neu erworbenen Fische nach dem Transport in das Haltungsbecken ein, selbst wenn im Aquarium schon andere Fische leben. Eine gewisse Anzahl von Krankheitserregern gibt es in jedem Becken. Auch nach einem Wasserwechsel kann es zu einem Krankheitsausbruch kommen.

Wer ganz sicher gehen möchte, kann neue Fische aber auch in ein separates Becken setzen. Nach einer 3- bis 4wöchigen Quarantänezeit dürfen gesunde Fische dann zu den anderen Pfleglingen ins Aquarium gesetzt werden.

Das Einsetzen der Fische

Gehen Sie beim Einsetzen vorsichtig vor. Zuerst lassen Sie den Beutel mit den neuen Fischen etwa 20 Minuten im vorgesehenen Haltungsbecken schwimmen. Dann geben Sie etwa 50% des Wassers aus dem Haltungsbecken in den Beutel, klemmen ihn unter die Abdeckscheibe, so daß der Beutel auf der Wasseroberfäche schwimmt und warten wiederum 20 Minuten. Nun können Sie die Fische in das Becken schwimmen lassen.

Artaquarium oder Gesellschaftsbecken?

In einem Artaquarium werden Fische einer Art, beispielsweise Gambusen, gepflegt. Im Gesellschaftsbecken dagegen vergesellschaftet man verschiedene Fischarten, die sich untereinander vertragen. Das können verschiedene Arten von Lebendgebärenden sein, oder Sie vergesellschaften andere, passende Fischarten (→ Seite 14) mit Ihren Lebendgebärenden.

Artaquarium: Nur einige wenige Lebendgebärende benötigen unbedingt ein Artaquarium (→ Pflegeanleitungen, Seite 56). Dies trifft vor allem auf die empfindlicheren unter den kleinen Arten zu, wie beispielsweise *Poecilia branneri*, aber auch für die ganz großen, etwa Hechtkärpflinge *(Belonesox)*.

Wenn Sie Hochzucht betreiben wollen (→ Zucht, Seite 40) wollen, so ist das Artaquarium dazu sicher hilfreich, denn die Fische müssen gezielter beobachtet und ständig kontrolliert werden.

Gesellschaftsbecken: Die meisten Lebendgebärenden zeigen auch in einem Gesellschaftsbecken ihr natürliches Verhalten und fühlen sich wohl. In diesen Becken kann die eine oder andere Art sogar erfolgreich gezüchtet werden (→ Pflegeanleitungen, Seite 56).

Tips für die Vergesellschaftung

Bei der Auswahl der Fische für ein Gesellschaftsbecken sollten Sie einige Grundregeln beachten. Besondere Ansprüche sind in den Pflegeanleitungen ab Seite 56 angegeben.

Die Größe der Fische: Pflegen Sie nur Fische zusammen, die in etwa gleich groß sind. Kleinere Fische stehen gegenüber deutlich größeren unter ständigem Streß. Am Futterplatz sind die größeren oft auch die stärkeren und lassen die kleinen nicht allzu gut zum Zuge kommen. Dieser Aspekt gilt keineswegs nur für Lebendgebärende, sondern für fast alle Gesellschaftsfische.

Das Verhalten: Ruhige, etwas versteckt lebende, sozusagen schüchterne Fische sollten nicht mit lebhaften Fischen vergesellschaftet werden. Vergesellschaften Sie nur Fische, deren Verhalten ähnlich ist, beziehungsweise besetzen Sie die verschiedenen Wohnregionen in einem Gesellschaftsbecken mit Arten, die sich nicht »ins Gehege« kommen. Friedliebende Fische können sich meist gegen etwas ruppigere Arten nicht durchsetzen. Unter den Lebendgebärenden gibt es auch Arten, bei denen die Männchen den Weibchen fast ständig hinterherschwimmen und sie anbalzen. Ein Beispiel dafür ist der Guppy. Sind aber nicht genügend Weibchen da, kommt es auch dazu, daß andere Fische angebalzt und belästigt werden. Schnelle Schwimmer können sich den Nachstellungen leicht entziehen, langsamere Arten leiden unter den ständigen Balzversuchen.

Bei der Besetzung eines Gesellschaftsbeckens sollten Sie auch immer darauf achten, daß die verschiedenen Wohnregionen des Aquariums möglichst gleich gut besetzt sind. Viele Lebendgebärende bevorzugen die mittleren Wasserschichten, einige auch die oberen. Bodenorientierte Lebendgebärende gibt es kaum, nur einige sehr selten gepflegte Hochlandkärpflinge bevorzugen den Bodenbereich.

Es bietet sich daher an, Lebendgebärende mit unterschiedlichen Vorlieben miteinander zu

Zuchtform des Mollys. Die bekannteste Zuchtform ist der Black Molly, der einen schwarzen Körper und schwarze Flossen hat.

vergesellschaften. Besonders gut können Sie Lebendgebärende zusammen mit Bodenfischen wie zum Beispiel Panzerwelsen pflegen. (→ Wer paßt zu wem?, Seite 14).

Mein Tip: In einem Aquarium müssen Sie immer wieder das Verhalten der Fische beobachten. Bemerken Sie, daß in einem Gesellschaftsbecken einer der Fische unterdrückt wird, sollten Sie ihn umsetzen beziehungsweise den Störenfried entfernen.

Lebensbedingungen in der Natur: Die natürlichen Lebensbedingungen spielen für die Haltung der meisten Lebendgebärenden im Aquarium keine große Rolle. Sie kommen mit fast allen angebotenen Bedingungen zurecht. Das liegt daran, daß es sich fast immer um Nachzuchten und nicht um Wildfänge handelt. Die Mehrzahl von ihnen fühlt sich bei Temperaturen zwischen 24 und 27 °C wohl.

Eine Ausnahme bilden allerdings Lebendgebärende, die einem Leben in Brackwasser angepaßt sind, wie zum Beispiel *Poecilia velifera*. Für sie muß dem Aquarienwasser Salz

Ratschläge für die Anschaffung

(→ Seite 62) zugesetzt werden, damit sie sich wohlfühlen. Viele Hochlandkärpflinge aus dem zentralen Hochland von Mexiko stammen ursprünglich aus Gewässern mit deutlich niedrigeren Temperaturen, als in unseren Aquarien in der Regel herrschen. Das muß bei ihrer Haltung berücksichtigt werden (→ Pflegeanleitungen, Seite 56). Für diese Fische mit besonderen Ansprüchen können spezielle Fischgesellschaften mit ähnlichen Ansprüchen zusammengestellt werden.

Wer paßt zu wem?

Viele Lebendgebärende lassen sich sehr gut mit zu ihnen passenden Fischen vergesellschaften. Das sind:

Amerikanische Salmler

Gattungen: *Hyphessobrycon, Hemigrammus.* Lebensweise: Schwarmfische (mindestens sechs Tiere), Beckengröße ab 60 l. Ernährung: Lebend-, Frost- und Trockenfutter. Wasser: 4–25 °dGH, pH 6,7–7,5, 23–27 °C. Beifische für: Guppys, Platys, Mollys, mittelgroße *Poecilia*-Arten, *Priapella, Phallichthys.*

Panzerwelse

Gattungen: *Aspidoras, Brochis, Corydoras.* Lebensweise: Schwarmfische, Aquarien ab 60 l. Ernährung: Allesfresser, nehmen Futter meist vom Boden. Wasser: 4–20 °dGH, pH 6,7–7,5, 22–26 °C. Beifische für: Alle Lebendgebärenden.

Andere Welse

Familien: *Loricariidae* (Harnischwelse), alle nicht zu groß werdenden Arten, *Mochocidae* (Fiederbartwelse), kleine Arten. Lebensweise: Einzeln oder paarweise lebende Fische, die auf dem Bodenbereich in Verstecken leben und dort Reviere bilden. Für Aquarien ab 80 l. Ernährung: Allesfresser, *Ancistrus* beispielsweise ist auch ein guter Algenfresser.

Wasser: 4–25 °dGH, pH 6,7–7,5, 20–26 °C; viele Arten vertragen aber auch bis 30 °C. Beifische für: Alle Lebendgebärenden.

Kleine Buntbarsche

Gattungen: *Apistogramma, Microgeophagus, Laetacara, Nannacara,* kleine »*Cichlasoma«,* westafrikanische Zwergbuntbarsche. Lebensweise: Paarweise Haltung, revierbildend, im Bodenbereich aggressiv. Für Aquarien ab 60 l (kleine Arten) beziehungsweise ab 100 l. Ernährung: Überwiegend Frost- und Lebendfutter. Wasser: 4–20 °dGH, pH 6,7–7,5, 23–28 °C. Beifische für: Mittelgroße und große Lebendgebärende, in großen Becken auch als Schwarm.
Mein Tip: Viele im Artenbecken scheu und versteckt lebende Barsche sind viel häufiger zu sehen, wenn Sie einige Lebendgebärende hinzugeben.

Barben und Bärblinge

Gattungen: *Brachydanio, Barbus* und *Rasbora.* Lebensweise: Schwarmfische (mindestens 6 Tiere), für Aquarien ab 60 l. Ernährung: Allesfresser. Wasser: 5–25 °dGH, pH 6,7–7,5, 21–27 °C. Beifische für: Größenmäßig ähnliche kleine und mittelgroße Lebendgebärende.

Labyrinthfische

Gattungen: *Betta, Colisa* und *Trichogaster.* Lebensweise: Einzelgänger (Kampffisch, *Betta splendens*) oder paarweise lebend. Für Aquarien ab 80 l. Ernährung: Allesfresser. Wasser: 5–25 °dGH, pH 6,7–7,5, 22–30 °C. Beifische für: Alle mittelgroßen und großen Lebendgebärenden (außer den räuberischen).

Haltung und Pflege

Um Lebendgebärende erfolgreich zu halten und zu züchten, müssen Sie ihnen optimale Lebensbedingungen schaffen. Dazu gehört ein ausreichend großes, artgerecht eingerichtetes und bepflanztes Aquarium sowie einige technische Hilfsmittel wie Filter, Heizung und Beleuchtung.

Schutz vor Stromunfällen

Filter, Heizung und Lampen des Aquariums werden mit Strom betrieben. Daß Strom in Verbindung mit Wasser gefährlich werden kann, ist hinlänglich bekannt (→ Hinweis und Warnung, Seite 2). Beachten Sie deshalb folgende Sicherheitsratschläge:
• Achten Sie beim Kauf von elektrischen Geräten darauf, daß diese das VDE-Zeichen (Verein Deutscher Elektroingenieure) oder das gültige TÜV-Zeichen (»GS« = geprüfte Sicherheit) tragen!
• Geräte, die im Aquarium benutzt werden, müssen den Vermerk tragen, daß sie für diese Verwendung geeignet sind.
• Besorgen Sie sich einen sogenannten FI-Schalter (Fehlerstrom-Schutzschalter, im Zoo- und Elektrofachhandel erhältlich), der sich zwischen Stromquelle und Gerät anbringen läßt. Bei Defekten an Geräten und Kabeln unterbricht er sofort die Stromzufuhr.
• Ziehen Sie den Stecker, bevor Sie im Aquarium Arbeiten verrichten oder elektrische Geräte aus dem Aquarium nehmen.
• Lassen Sie eventuelle Reparaturen nur vom Fachmann ausführen.

Das richtige Aquarium?

Material: Ich empfehle Ihnen den Kauf eines Glasbeckens, das mit schwarzem Silikonkautschuk geklebt ist. Durch die Schwarzfärbung des Kautschuks dringt kein Licht, deshalb besteht nicht die Gefahr, daß Algen unter dem Kunststoff wachsen und das Becken undicht werden könnte.

Kunststoffbecken zerkratzen leicht, deshalb verwende ich sie nur für die Haltung einiger kleiner Arten sowie die Aufzucht der Jungtiere in den ersten Tagen.

Wichtig: Bitte denken Sie vor allem, wenn Sie ein größeres Aquarium anschaffen wollen, an das Gewicht des gefüllten Beckens (→ Seite 2). Ein Liter Wasser wiegt rund ein Kilogramm. Ein Aquarium mit den Maßen $100 \times 40 \times 40$ kommt zusammen mit der schwereren Dekoration schon leicht auf 200 kg. Wer Altbauten oder obere Etagen bewohnt, sollte sich über die Tragfähigkeit seines Fußbodens informieren (Vermieter, Architekt).

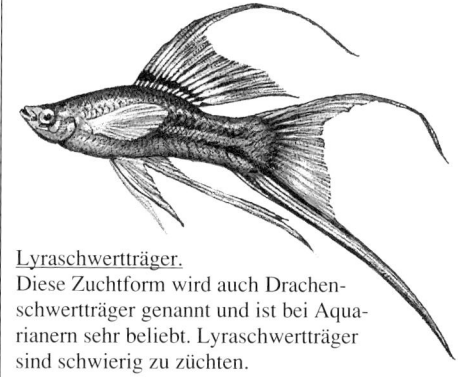

Lyraschwertträger.
Diese Zuchtform wird auch Drachenschwertträger genannt und ist bei Aquarianern sehr beliebt. Lyraschwertträger sind schwierig zu züchten.

Größe: Je größer die Fische werden, die Sie pflegen möchten, desto größer muß auch das Becken sein. Als Faustregel gilt: Die Beckenlänge soll etwa zehnmal so lang sein wie der längste ausgewachsene Fisch, der im Becken gehalten wird.
In übersetzten Aquarien fühlen sich die Fische nicht wohl. Daran sollten Sie schon bei der Anschaffung denken. Auch hier die Faustregel: Pro cm Fischlänge (erwachsen) ist mindestens 1 Liter Wasser notwendig. Denken Sie auch daran, wenn Sie Jungfische kaufen. Den Inhalt eines Beckens erfahren Sie beim

Händler, oder Sie multiplizieren Höhe, Breite und Tiefe miteinander und teilen durch 1000. Beispiel: 30 (Höhe) × 60 (Breite) × 33 (Tiefe) = 59400 : 1000 = 59,4 l. Davon müssen Sie allerdings noch mindestens 15 % für Dekoration und nicht vollständiges Wassereinfüllen abziehen, es stehen Ihnen also in diesem Beispiel etwa 50 l zur Verfügung.

Wichtig: Der Alptraum vieler Aquarianer, daß ein Aquarium platzt, wird zwar relativ selten Wirklichkeit – dennoch sollte man auf einen solchen Fall vorbereitet sein. Die Wasserschäden, die übrigens auch durch Überlaufen oder Leckwerden des Aquariums entstehen können, haben meist sehr hohe Reparaturkosten zur Folge. Lassen Sie deshalb schon vor der Anschaffung Ihr Aquarium in Ihre Hausratsversicherung aufnehmen, und erkundigen Sie sich bei Ihrem Versicherungsagenten, welche Kosten übernommen werden.

Abdeckung: Viele Lebendgebärende sind ausgezeichnete Springer. Benutzen Sie deshalb eine dicht schließende Abdeckung. Zweckmäßig – vor allem für kleinere Becken – sind Abdeckungen mit integrierter Beleuchtung. Wird das Aquarium von oben mit Strahlern beleuchtet, sollten Sie es mit Glasscheiben abdecken.

Standort: Damit sich im Aquarium nicht zuviele Algen bilden, sollte das Aquarium nicht direkt vor dem Fenster stehen. Nur bei stark algenfressenden Lebendgebärenden, wie zum Beispiel den Mollys (→ Seite 61), spielt dies keine Rolle.

Heizung

Mit Ausnahme der Hochlandkärpflinge (→ Pflegeanleitungen, Seite 66) fühlen sich fast alle anderen Lebendgebärenden erst bei einer Wassertemperatur von mehr als 22 °C wohl. Das bedeutet, Sie brauchen eine Heizung, um das Aquarienwasser aufzuheizen und ein Thermometer, um die Temperatur abzulesen.

Regelheizer sind zum Beheizen des Wassers empfehlenswert. Sie werden passend zur Beckengröße gekauft, wobei die Wattzahl etwa der Hälfte der Literzahl entsprechen sollte.

Beispiel: Für ein 60 l-Becken benötigen Sie einen Regelheizer mit einer Leistung von etwa 30 Watt.

Mein Tip: Um möglichst überall im Becken die gleiche Temperatur zu haben, wird der Heizer am besten in der Nähe des Filterauslaufs oder der Belüftung angebracht.

Thermen werden außerhalb des Beckens installiert. Das Wasser wird in der Therme aufgeheizt, und als Pumpe dient ein Außenfilter. Es gibt auch bereits Außenfilter mit eingebauten Thermen (Thermofilter).

Filterung

Mit Anschluß eines Filters sorgen Sie für stabile Wasserverhältnisse im Aquarium. Schadstoffe, wie zum Beispiel Futterreste, Kot oder faulende Pflanzenteile, werden abgesaugt und im Filter biologisch abgebaut. Das einströmende »saubere« Wasser sorgt für neue Sauerstoffzufuhr. Der Filter ersetzt allerdings nicht den regelmäßigen Wasserwechsel (→ Seite 23).

Luftbetriebene Innenfilter eignen sich vor allem für Aufzuchtbecken und kleine Aquarien bis 50 l. Mit einer Membranpumpe wird das Wasser über Filterwatte oder Schaumstoff angesaugt. Plastikinnenfilter können auch mit Lavabruch oder poröser Filterkeramik bestückt werden.

Mein Tip: Im Filtermaterial siedeln sich die biologisch wichtigen Bakterien an. Darum sollten Sie beim Reinigen des Filters nie den ganzen Filterinhalt auswechseln, sondern einen Teil unter lauwarmem Wasser ausspülen und in den Filter zurückgeben.

Lebendgebärende Zahnkarpfen. ▷
Oben: Der Goldmolly *(Poecilia sphenops)* ist eine neue Zuchtform. Links unten: Männchen der Wildform des Mollys *(Poecilia butleri)*. Rechts unten: Seitenfleckkärpfling *(Poeciliopsis gracilis)*.

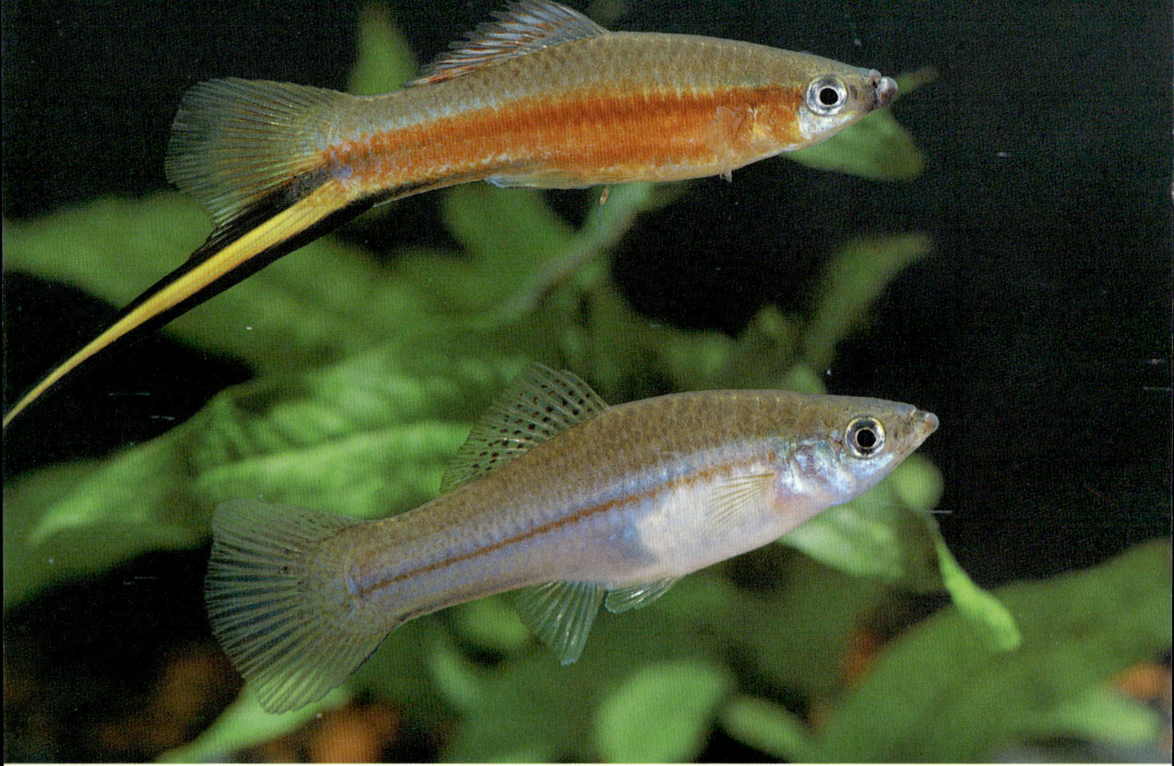

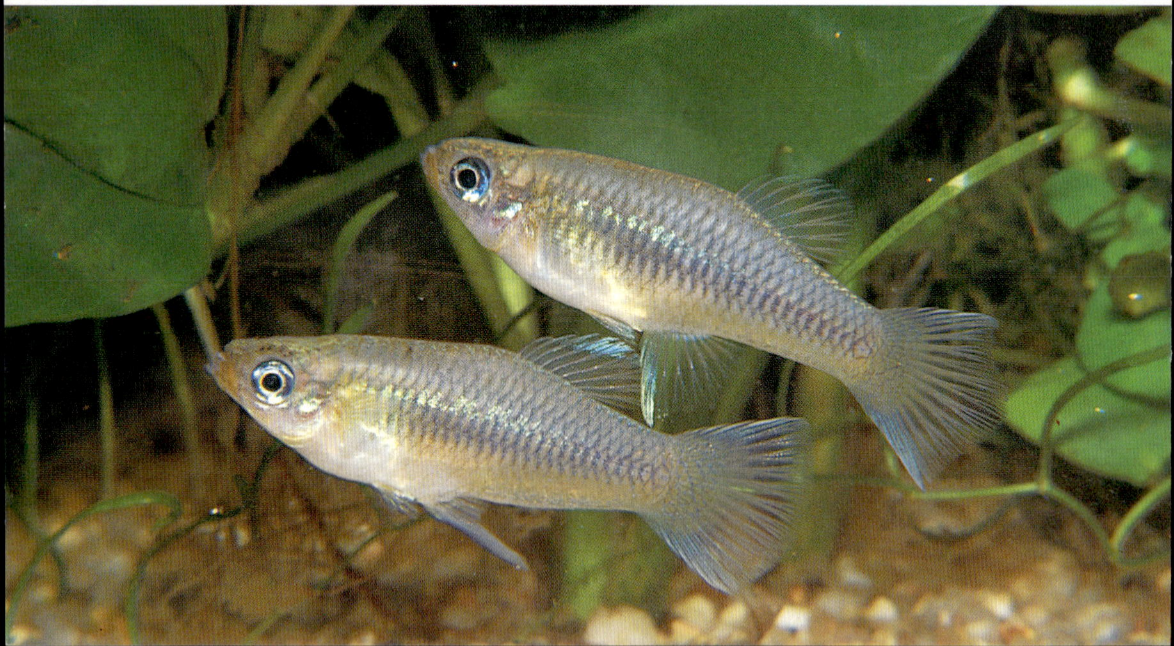

Motorinnenfilter sind auf die Größe des Beckens abgestimmt. Sie sollten das Aquarienwasser etwa dreimal pro Stunde umwälzen. In Becken zwischen 50 und 200 l Inhalt sind sie gut anwendbar.

Außenfilter werden in zwei verschiedenen Varianten angeboten: Die erste wird von außen an eine Aquarienscheibe gehängt und arbeitet ohne Schläuche. Weit stärker verbreitet und praktischer bei der Reinigung ist der Topf-Außenfilter. Er wird außerhalb des Aquariums (zum Beispiel hinter dem Becken oder im Unterschrank) angebracht und über Schläuche mit dem Aquarium verbunden. Der Topf läßt viel Platz für die Bestückung mit verschiedenen Filtermaterialien. Die Filterleistung sollte etwa zweimal so hoch sein wie der Beckeninhalt. Topffilter brauchen erst dann gereinigt zu werden, wenn die Durchlaufleistung sichtbar nachläßt.

Mein Tip: Installieren Sie im Becken einen kleinen Vorfilter, der mit Filterwatte bestückt ist. Er reinigt das Beckenwasser vom groben Schmutz. Erst dann gelangt das Wasser in den Topffilter. Auf diese Weise erübrigt sich so manche Reinigung des Topf-Außenfilters. Für die Reinigung eines Außenfilters gilt das gleiche wie für Innenfilter.

Als Filtermaterial eignen sich vor allem Filterwatte und andere Stoffe mit großer Oberfläche, also etwa poröse Filterkeramik oder spezielle Kunststoffbälle. Ich bestücke meine Topffilter so, daß ich in der untersten Schicht eine dicke Lage grobe Filterwatte einbringe, die ich bei der Reinigung wegwerfe. Danach kommt Filterkeramik, den Abschluß bildet wieder Filterwatte, diesmal aber feinere. Filterkeramik und

obere Filterwatte wasche ich bei der Reinigung nur lauwarm aus.

Auf Torf als Filtermaterial sollten Sie bei Lebendgebärenden verzichten. Die meisten von ihnen mögen die enthaltenen Stoffe nicht. Außerdem säuert Torf das Wasser stark an. Saure pH-Werte (→ Seite 22) werden von den meisten Arten nicht vertragen.

Wichtig: Haushaltswatte ist als Filtermaterial völlig ungeeignet, da sie zu wenig Wasser durchläßt. Deshalb Filterwatte immer im Zoofachhandel kaufen.

Beleuchtung

Becken, in denen Lebendgebärende gepflegt werden, dürfen Sie stark beleuchten. Das fördert zwar die Algenbildung, doch die meisten Lebendgebärenden lieben Algen als Zusatznahrung. Wenn das Wasser nicht zu viele Nährstoffe enthält (durch zu viele Fische oder zu starke Fütterung) und fernab vom Fenster steht, wachsen auch nicht die unerwünschten Algenarten (Blaualgen), sondern Grünalgen, die wiederum ein gutes Futter für manche Lebendgebärenden sind.

Die Beleuchtungsdauer läßt sich am besten über eine Zeitschaltuhr regeln. Sie sollte bei 10 bis 14 Stunden täglich liegen.

Glühlampen eignen sich nur für kleine Aufzuchtbecken. Sie fördern das Algenwachstum zu stark.

Leuchtstoffröhren sind für alle Becken mit einer Tiefe zwischen 30 und 50 cm geeignet. In den meisten Aquarien befindet sich die Vorrichtung für die Installation bereits in der Abdeckung. Das Angebot an Lichtfarben ist sehr groß. Ich selber benutze Warmton-Leuchten, wenn nur eine Leuchtstoffröhre in der Abdeckung vorgesehen ist. Sind mehrere Röhren zu verwenden, mische ich die Beleuchtung aus Warmton- und Grolux-(Rotton-)Leuchten. Die Grolux-Leuchten fördern nicht nur das Pflanzenwachstum, sondern lassen auch die Farben

◁ Lebendgebärende Zahnkarpfen.
Oben: Zuchtform des Schwertträgers (*Xiphophorus helleri*) mit normal langen Flossen. Unten: Leuchtaugenkärpflinge (*Priapella intermedia*).

der Fische (vor allem die roten) brillianter erscheinen. Hartweiße Lichttöne fördern das Algenwachstum. Gut geeignet sind auch die in den letzten Jahren angebotenen, besonders lichtstarken Leuchtstoffröhren.

Sie haben den großen Vorteil, daß sie nicht nur weniger Strom verbrauchen, sondern auch länger halten. Das gleicht den höheren Anschaffungspreis aus. Normale Leuchtstofflampen altern schnell und verlieren dabei an Leuchtkraft. Wer Wert auf guten Pflanzenwuchs legt, sollte sie jährlich austauschen. Befinden sich mehrere Röhren über dem Becken, sollten Sie immer nur einzelne austauschen, denn Pflanzen können auf drastische Änderungen der Lichtverhältnisse empfindlich reagieren. Aus demselben Grund sollten Sie auch einen Wechsel der Lichtfarben vermeiden.

Hochdruck-Quecksilberdampflampen (HQL) und Hochdruck-Halogenmetalldampflampen (HQI) sind für Aquarien mit einer Höhe über 50 cm empfehlenswert. Sie produzieren eine besonders große Lichtfülle. Für etwa 75 cm Aquarienbreite rechnet man eine Lampe, für 150 cm-Becken also 2 Lampen. HQI-Lampen sind lichtstärker als HQL-Lampen. Sie eignen sich auch für Becken ab einer Höhe von 60 cm.

Mein Tip: Bei großen Aquarien sind HQL- oder HQI-Lampen oft billiger als Leuchtstoffröhren samt Abdeckung. Außerdem halten diese Lampen länger als Leuchtstoffröhren.

Wichtig: Ausgebrannte HQL- und HQI-Lampen gehören wegen ihres Quecksilbergehaltes in den Sondermüll und nicht in die häusliche Mülltonne.

Bodengrund

Die meisten natürlichen Biotope, in denen Lebendgebärende vorkommen, haben einen hellen Bodengrund. Im Aquarium zeigen deshalb auch fast alle von ihnen über hellem Bodengrund ihr natürliches Verhalten und schöne Farben. Rottöne im Schuppenkleid der

Fische kommen allerdings über dunklem Bodengrund im Aquarium besser zur Geltung. Nach meinen Beobachtungen fühlen sich Lebendgebärende über dunklem Grund ebenso wohl wie über hellem.

Flußkies oder Sand (aus dem Zoofachhandel) in unterschiedlicher Körnung (zwischen 2 und 5 mm) eignet sich gut als Bodengrund.

Mein Tip: Verwenden Sie nicht mehr als 20 % Sand für ein Bodengrundgemisch. Reiner Sand verfestigt sich in kurzer Zeit und läßt Fäulnisvorgänge zu.

Wichtig: Kies und Sand müssen vor dem Einbringen in das Aquarium so lange in Wasser gespült werden, bis das Spülwasser klar ist. Im Aquarium kann dann immer noch eine leichte Trübung auftreten, die aber den Fischen nicht schadet und bei guter Filterung in ein bis zwei Tagen verschwindet.

Basalt- oder Lavasplit läßt durch seine dunkle Färbung vor allem rötliche Fische farblich brillianter erscheinen. Verwenden Sie nur Basalt- oder Lavasplit mit abgerundeten Kanten, damit sich eventuell vergesellschaftete Bodenfische nicht verletzen können. Gut geeignet ist auch Blähton.

Mein Tip: Ein Gemisch aus 60 % Kies mit einer Körnung von 2 bis 5 mm, 30 % Basaltoder Lavasplit mit abgerundeten Kanten oder Blähton und 10 % Sand hat sich bei mir als Bodengrund bestens bewährt.

Bepflanzung

Ohne Pflanzen wirkt ein Aquarium leer und kahl. Ein Bepflanzung ist aber nicht nur für den Betrachter reizvoll, sondern auch wichtig für die Wasserqualität, denn Pflanzen produzieren Sauerstoff. Außerdem bieten dichte Pflanzenbestände gute Versteckmöglichkeiten für Fische. Die wichtigsten Aquarienpflanzen mit Pflegeanleitungen finden Sie auf den Seiten 24 und 25. Unter dem Stichwort »Licht« wird in den Pflegeanleitungen auf die Beleuchtungs-

stärke hingewiesen. Sie ist wie folgt definiert:
Wenig Beleuchtung = 0,3 Watt pro l Wasser
Mittlere Beleuchtung = 0,45 Watt pro l Wasser
Starke Beleuchtung = 0,6 Watt pro l Wasser
Beispiel: Für ein 100 l-Becken benötigen Sie für
eine starke Beleuchtung der Pflanzen 60 Watt
(100 × 0,6 = 60). Sie verwenden entweder eine
60 Watt starke Quecksilberdampflampe oder
zwei 30 Watt starke Neonröhren.
Mein Tip: Nicht an Pflanzen sparen, sondern
von Anfang an das Becken gut bepflanzen.

Dekorationsmaterialien

Um unterlegenen Fischen und Jungfischen
neben den Pflanzen noch weitere Verstecke
anzubieten, können Sie mit verschiedenen
Materialien aus dem Zoofachhandel richtige
Unterwasserlandschaften gestalten.
Moorkien- oder Mooreichenwurzeln sind
Baumwurzeln, die jahrhundertelang im Moor
gelegen haben, sich mit Wasser vollsaugen
können und dann am Bodengrund liegen
bleiben. Andere Wurzeln sollten Sie keinesfalls

Die 10 Schritte beim Einrichten des Aquariums

1. Spülen Sie das Aquarium mit kaltem Wasser
aus.
2. Bringen Sie den gewaschenen Bodengrund
in das Becken ein. Dabei soll der Bodengrund
im Hintergrund etwa doppelt so hoch sein wie
vorne, dann sieht das Aquarium später besser
aus. Damit Pflanzen gut wurzeln, muß der
Bodengrund eine Mindesthöhe von 5 cm
haben.
3. Füllen Sie das Aquarium vorsichtig etwa zu
einem Drittel mit temperiertem Wasser. Legen
Sie eine Untertasse auf den Bodengrund und
leiten Sie den Wasserstrahl darauf, damit der
Bodengrund nicht zu stark aufgewirbelt wird.
4. Plazieren Sie das Dekorationsmaterial im
Aquarium.
5. Bepflanzen Sie das Aquarium. Große
Pflanzen gehören nach hinten, kleine nach
vorne.
6. Legen Sie das Blatt einer Tageszeitung auf
die Wasseroberfläche und füllen Sie jetzt das
Becken vorsichtig bis etwa 4 Zentimeter unter
die Aquarienoberkante auf.
7. Jetzt werden Heizer und Filter eingebracht.
Beachten Sie, daß Filterein- und -auslauf
möglichst weit voneinander entfernt liegen.

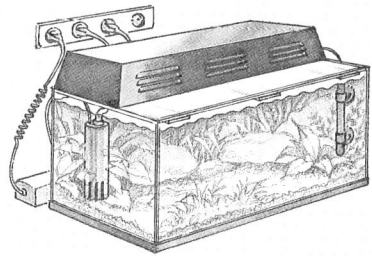

Fertig eingerichtetes Aquarium. Bevor Sie die
Fische einsetzen, sollten Sie ein neu eingerichtetes
Aquarium für etwa zwei Wochen ohne Fische in
Betrieb nehmen.

8. Decken Sie das Becken ab und installieren
Sie die Beleuchtung (sofern nicht in der
Abdeckung enthalten). Manche Lebend-
gebärende sind sehr springfreudig, deshalb
Lücken mit Schaumstoff schließen.
9. Schalten Sie jetzt Filter, Heizung und
Beleuchtung ein.
10. Kontrollieren Sie vor dem Einsetzen von
Fischen unbedingt Temperatur und pH-Wert.

verwenden; sie können faulen. Allerdings säuern vor allem Mooreichenwurzeln das Aquarienwasser stark an, deshalb sollten Sie sie nur sparsam einsetzen.

Mein Tip: Kleine Wurzeln vor dem Einbringen auskochen. Sie saugen sich sofort voll Wasser. Größere Wurzeln mit Steinen beschweren.

Steine, wie beispielsweise Schieferplatten oder Granit (im Zoofachhandel erhältlich) können Sie im Aquarium zu Aufbauten gruppieren. Steine dürfen aber niemals direkt auf der Bodenscheibe des Beckens aufliegen, sonst kann die Scheibe brechen. Entweder Sie tragen deshalb auf die untere Steinseite eine Schicht Silikonkautschuk auf, bevor Sie sie auf die Bodenscheibe legen, oder Sie drücken die Steine in den Bodengrund. Da die meisten Lebendgebärenden hartes Wasser sehr gut vertragen, muß das Gestein nicht kalkfrei sein.

Wichtig: Größere Aufbauten mit Silikonkautschuk verkleben, damit sie nicht in die Aquarienscheiben rutschen können.

Blumentöpfe aus Ton werden von den Fischen sehr gern als Versteckmöglichkeit angenommen. Brechen Sie eine Öffnung in den Topfrand und legen Sie den Blumentopf mit dem Rand nach unten auf den Bodengrund.

Das richtige Aquarienwasser

Damit sich Fische und Pflanzen im Aquarium wohlfühlen und gedeihen, muß der Aquarianer die Wasseransprüche seiner Pfleglinge genau kennen. Wichtig sind die Wasserhärte und der pH-Wert, der Säuregrad des Wassers.

Die Wasserhärte

Die Gesamthärte wird in Grad deutscher Härte (°dGH) gemessen. Man unterscheidet die Härtegrade wie folgt:

    0 bis   8 °dGH = weich,
    9 bis 16 °dGH = mittelhart,
    17 bis 30 °dGH = hart.

Fast alle Lebendgebärenden kommen in der Natur in Gewässern vor, die mittelhart oder hart sind.

Weiches Wasser mögen dagegen viele Lebendgebärende nicht besonders, vor allem, wenn auch der pH-Wert (→ Seite 22) niedrig ist. Sie kümmern dann und fühlen sich nicht wohl.

Wasserhärte messen: Gemessen werden die Gesamt- und die Karbonathärte. Dafür gibt es im Zoofachhandel einfach zu handhabende Meßlösungen. Es genügt, wöchentlich zu messen.

Die richtige Wasserhärte für Lebendgebärende: Für die Haltung und Zucht von Lebendgebärenden sollte die Gesamthärte über 4 liegen. Ausnahmen bilden Lebendgebärende, die in Brackwasser leben. In den Steckbriefen ab Seite 56 finden Sie genaue Angaben der idealen Wasserwerte für die jeweilige Art.

Mein Tip: Oft hat schon normales Leitungswasser die richtigen Wasserwerte für die Pflege von Lebendgebärenden. Um die Wasserwerte Ihres Leitungswassers kennenzulernen, genügt ein Anruf oder Schreiben an die örtlichen Wasserwerke.

Der pH-Wert

Der pH-Wert ist ein Maß für den Gehalt an Säuren oder Laugen im Wasser. Ein pH-Wert von 7 signalisiert, daß das Wasser neutral ist. Unter 7 liegende Werte werden sauer genannt, über 7 liegende alkalisch. Der pH-Wert ist logarithmisch definiert, das heißt, in einem Wasser mit einem pH-Wert von 6 befinden sich zehnmal so viele saure Anteile wie in einem Wasser mit dem pH-Wert 7.

Den pH-Wert messen: Am einfachsten messen Sie den pH-Wert mit den im Zoofachhandel erhältlichen flüssigen Indikatoren. Gut geeignet sind auch Indikatorstäbchen (im Chemikalienfachhandel erhältlich). Sind mehrere pH-Messungen hintereinander vorzunehmen, weil vielleicht mehrere Becken vorhanden sind, ist auch ein elektronisches Gerät geeignet und auf die Dauer sogar billiger.

Haltung und Pflege

Der richtige pH-Wert für Lebendgebärende: Er sollte zwischen 6,5 und 8 liegen. Eine Ausnahme bilden Brackwasserfische (→ Pflegeanleitungen, Seite 56). Bei ihnen darf der pH-Wert bis 8,5 steigen.

pH-Wert verändern: Sowohl für die Senkung als auch für die Anhebung des pH-Wertes werden im Zoofachhandel empfehlenswerte Mittel angeboten. Nach jedem Eingriff in die Wasserverhältnisse pH-Wert messen!

Nitrat und Nitrit

In einem Aquarium entstehen viele organische Abfallprodukte, die durch die Ausscheidungen der Fische, überschüssiges Futter und verwesende Tier- und Pflanzenteile zustande kommen. Dadurch bildet sich das für Fische giftige Nitrit. Bakterien, die im Boden, im Filter und im Wasser vorhanden sind, wandeln das Nitrit in das weniger giftige Nitrat um. Bei diesem Umwandlungsprozeß wird Sauerstoff verbraucht. Aquarienpflanzen produzieren Sauerstoff. Deshalb können Sie mit einer ausreichenden Bepflanzung des Beckens und vor allem, indem Sie eine Überbesetzung des Aquariums mit Fischen vermeiden, zu hohem Nitritgehalt vorbeugen.

Ein zu hoher Nitritgehalt kommt häufig in neu eingerichteten Becken vor. Sie erkennen das daran, daß die Fische sehr heftig atmen. In diesem Fall sollte das Wasser sofort zu einem Drittel ausgewechselt werden (→ unten). Um hohe Nitritwerte zu verhindern, sollten neu eingerichtete Becken am besten erst mit Fischen besetzt werden, wenn der Filter schon zwei Wochen gelaufen ist.

Nitrit- und Nitratgehalt messen: Die im Zoofachhandel erhältlichen Schnelltests sind einfach zu handhaben.

Wasserwechsel

Je mehr Fische im Becken gehalten werden, desto wichtiger ist er. Ohne Wasserwechsel ist die Sterblichkeit der Fische höher und der Nachwuchs bleibt aus.

Beim Wasserwechsel nicht mehr als ein Drittel des Wassers gegen temperiertes, nur ein Fünftel gegen kühleres Wasser austauschen. Wer alle vier bis sechs Wochen das Wasser wechselt, macht sicher keinen Fehler. Bei sehr stark besetzten Becken oder bei intensiver Fütterung, zum Beispiel bei der Aufzucht von Jungtieren, Wasser häufiger wechseln (→ Pflegeplan, oben).

Pflegeplan für das Aquarium

Täglich	Wöchentlich	Monatlich	Vierteljährlich	Jährlich
• Fütterung • Kontrolle von Heizung, Temperatur und Filterung/Belüftung • Entfernen eventuell toter Fische und abgestorbener Pflanzenteile • Verhalten der Fische beobachten	• Auslichten dichter Pflanzenbestände • Verdunstetes Wasser auffüllen • pH-Wert messen	• Wasserwechsel • Mulm absaugen • Algen entfernen • Pflanzenpflege (→ Seite 26)	• Gründliche Filterreinigung • Elektrische Zuleitung auf Schäden prüfen • Luft- und Filterschläuche kontrollieren	• Gründliche Reinigung des Beckens, mit Aufräumen und Ausspülen des Bodengrunds • Auswechseln von Leuchtstoffröhren

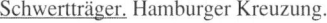

Schwertträger. Hamburger Kreuzung.

Zwergspeerblatt
Anubias barteri var. nana
Herkunft: Tropisches und subtropisches Westafrika.
Pflege: Einpflanzen oder auf Wurzeln, Steinen festbinden.
Licht: Wenig bis hell.
Wasser: 2–20 °dGH, 20–30 °C, pH 6-8.
Vermehrung: Seitensprosse am Wurzelstock (Rhizom).
Standort: Vordergrund.

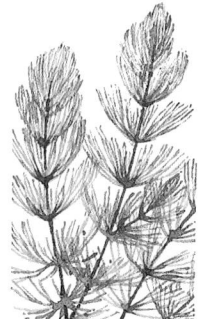

Hornkraut
Ceratophyllum demersum
Herkunft: Weltweit.
Pflege: Nicht einpflanzen, treibt frei im Wasser, wächst schnell.
Licht: Hell bis sehr hell.
Wasser: 5–25 °dGH, 15–30 °C, pH 6–8, auch in schwachem Brackwasser.
Vermehrung: Seitensprosse.
Standort: Im oberen Aquariendrittel.

Sumatrafarn
Ceratopteris thalictroides
Herkunft: Tropen von Amerika, Asien, Afrika und Nordaustralien.
Pflege: Eingepflanzt oder freitreibend zu pflegen.
Licht: Freitreibend auch schon schwach beleuchtet, sonst hell bis sehr hell.
Wasser: 5–20 °dGH, 20–30 °C, pH 6–7,5.
Vermehrung: Tochterpflanzen an den Blattspitzen.
Standort: Aquarienhintergrund oder -mitte (eingepflanzt), oberes Aquariendrittel.

Wendt's Wasserkelch
Cryptocoryne wendtii
Herkunft: Sri Lanka.
Pflege: Empfindlich gegen plötzliche starke Wasserwertänderungen, sonst problemlos.
Licht: Wenig bis hell.
Wasser: 5–20 °dGH, 20–30 °C, pH 6–8.
Vermehrung: Zahlreiche Ableger.
Standort: Mittelteil oder Hintergrund.

Amazonas-Schwertpflanze
Echinodorus amazonicus
Herkunft: Brasilien.
Pflege: Viel Wasserwechsel und klares Wasser bieten.
Licht: Hell bis sehr hell.
Wasser: 2–15 °dGH, 22–28 °C, pH 6,5–7,5.
Vermehrung: Tochterpflanzen an untergetauchten Blütenstengeln.
Standort: Einzelpflanze im Hintergrund.

Grasartige Schwertpflanze
Echinodorus tenellus
Herkunft: Brasilien bis USA.
Pflege: Viel Frischwasser bieten.
Licht: Hell.
Wasser: 2–15 °dGH, 20–30 °C, pH 6–7,5.
Vermehrung: Ausläufer.
Standort: Vordergrund.

Aquarienpflanzen

Pfennigkraut
Lysimachia nummularia
Herkunft: Europa, Japan,
Westen der USA.
Pflege: In kleinen Gruppen
einpflanzen.
Licht: Hell bis sehr hell;
keine Schwimmpflanzen.
Wasser: 5–20 °dGH,
15–24 °C, pH 6–8.
Vermehrung: Stecklinge aus
Seitensprossen.
Standort: Mitte, Hintergrund.

Zwergpfeilkraut
Sagittaria subulata var.
pusilla
Herkunft: Nordamerika
(Osten).
Pflege: In kleinen Gruppen
einpflanzen.
Licht: Hell bis sehr hell.
Wasser: 2–20 °dGH,
20–30 °C, pH-Wert 6–8.
Vermehrung: Durch Ausläu-
fer.
Standort: Mitte oder Hinter-
grund.

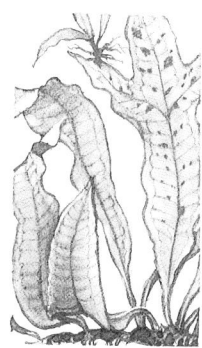

Javafarn
Microsorium pteropus
Herkunft: Tropisches
Südostasien.
Pflege: Auf Steinen oder
Wurzeln anbinden oder den
Wurzelstock beschweren,
nicht einpflanzen.
Licht: Sehr wenig bis hell.
Wasser: 2–20 °dGH,
20–30 °C, pH 5,5–8.
Vermehrung: Tochter-
pflanzen am Wurzelstock
(Rhizom) oder an den
Blattenden.
Standort: Mitte, Hintergrund.

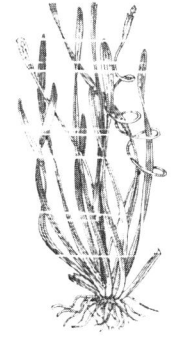

**Gewöhnliche Wasser-
schraube**
Vallisneria spiralis
Herkunft: Tropen und
Subtropen.
Pflege: Am besten in kleinen
Gruppen einsetzen.
Licht: Hell bis sehr hell.
Wasser: 5–20 °dGH,
15–30 °C, pH-Wert 6–8.
Vermehrung: Ausläufer.
Standort: Im Aquarien-
hintergrund.

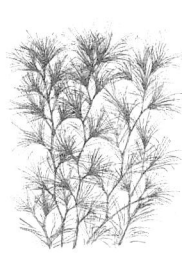

Indisches Nixkraut
Najas indica
Herkunft: Tropisches Asien.
Pflege: Eingepflanzt, aber
auch freischwimmend unter
der Oberfläche.
Licht: Hell bis sehr hell.
Wasser: 2–20 °dGH,
18–30 °C, pH-Wert 6–8.
Vermehrung: Sprossen an
den Blattachsen.
Standort: Mitte oder oberes
Aquariendrittel.

Javamoos
Vesicularia dubyana
Herkunft: Indien bis malayi-
sche Halbinsel.
Pflege: Auf Steinen oder
Wurzeln anbinden oder als
freien Busch pflegen.
Licht: Wenig bis hell.
Wasser: 2–20 °dGH,
18–30 °C, pH-Wert 5,5–8,5.
Vermehrung: Starke Spross-
ung.
Standort: Mitte, Vordergrund.

Wenn Sie verreisen ...

Am besten ist es, eine in der Aquaristik erfahrene Person übernimmt die Pflege der Fische während Ihrer Abwesenheit. Bereiten Sie Futterportionen vor, packen Sie sie in Tütchen ab und schreiben Sie das Fütterungsdatum darauf. Fertigen Sie zusätzlich eine Checkliste an, auf der die wichtigsten Kontrollmaßnahmen aufgelistet sind.

Aquarienpflanzen

Der Traum von üppigen, gesunden Aquarienpflanzen kann leicht in Erfüllung gehen, wenn Sie die Pflanzen richtig einsetzen, ihnen die erforderlichen Lebensbedingungen bieten (→ Pflanzensteckbriefe, Seite 24 und 25) und regelmäßig die nötigen Pflegemaßnahmen vornehmen.

Einsetzen der Pflanzen: Neugekaufte Pflanzen unter fließendem lauwarmem Wasser waschen und von sichtbar anhaftenden Schmutzteilen oder Schnecken befreien. Welke Blätter entfernen und den Wurzelbereich freilegen. Wurzeln mit einem scharfen Messer auf etwa 5 bis 6 Zentimeter Länge kürzen. Auch beim Umsetzen der Pflanzen oder bei einer sehr gründlichen Reinigung des Bodengrunds Wurzeln der Pflanzen einkürzen. Beim Einsetzen der Pflanzen in den Bodengrund darauf achten, daß die Wurzeln nicht schräg, sondern möglichst gerade liegen.

Wichtig: Oft werden Aquarienpflanzen angeboten, die in einem Topf mit Steinwolle wurzeln. Stengelpflanzen sind häufig mit Bleiband beschwert. Waschen Sie die Wurzeln dieser Pflanzen besonders gründlich aus. Steinwolle und Bleiband dürfen keinesfalls ins Aquarium gelangen.

Gutes Pflanzenwachstum: Das erreichen Sie, wenn drei Faktoren gut miteinander harmonieren: Licht, Wasserqualität und Pflanzennahrung. Der sicherlich wichtigste Faktor für Aquarienpflanzen ist Licht. Die meisten brauchen viel bis sehr viel Licht (→ Pflanzensteckbriefe, Seite 24 und 25). Eine zu dichte Schwimmpflanzendecke fängt einen Großteil des Lichts ab. Manche Bodenpflanzen bekommen dann zu wenig Licht und kümmern. In diesem Fall die Schwimmpflanzendecke unbedingt ausdünnen.

Auch trübes oder stark verschmutztes Wasser behindert den Lichteinfall ganz erheblich.

Düngen: Für einen gesunden Wuchs brauchen Aquarienpflanzen zusätzliche Nährstoffe. Der Zoofachhandel bietet empfehlenswerten Wasserpflanzen-Dünger an. Einmal wöchentlich sollte die auf der Packung angegebene Menge ins Aquarium gegeben werden.

Düngemittel belasten die Wasserqualität, deswegen in neu eingerichtete Becken, die ja erst ein Gleichgewicht ausbilden müssen, in den ersten 3 bis 4 Wochen nicht düngen!

Wichtig: Auf keinen Fall Zimmerpflanzen-Dünger im Aquarium einsetzen. Er ist für Aquariumfische tödlich giftig!

Pflanzenpflege

Welke Blätter: Sie entziehen der Pflanze Nährstoffe und verschlechtern die Wasserqualität. Mit einer Schere oder durch Abknipsen mit den Fingernägeln welke Blätter regelmäßig entfernen. Abziehen können Sie welke Blätter nur bei freitreibenden Pflanzen.

Auslichten: Zu stark wachsende Pflanzenbestände von Zeit zu Zeit auslichten. Bei eingepflanzten Stengelpflanzen störende Triebe einfach abschneiden oder abknipsen. Schwertpflanzen, *Cryptocoryne* oder andere, ähnliche Pflanzen können sich so stark vermehren, daß die Bestände durch Entfernen einiger Pflanzen ausgelichtet werden müssen.

Lebendgebärende Halbschnabelhechtkärpflinge.   ▷
Oben: Lebendgebärender Halbschnabelhechtkärpfling *(Dermogenys pusillus)*. Unten: Schwarzflossen-Halbschnäbler *(Nomorhamphus liemi liemi)*.

Die richtige Ernährung

Die Nahrungsansprüche der Lebendgebärenden sind – je nach Art – sehr verschieden. Es gibt unter ihnen reine Pflanzenfresser bis hin zu Arten, die nur lebende Fische fressen. Glücklicherweise können Sie die meisten Lebendgebärenden im Aquarium auch mit den handelsüblichen Futtersorten gesund ernähren. Grundlage für viele Arten kann durchaus Trockenfutter sein. Damit lassen sich einige Fische sogar züchten. Aber zum wirklichen Wohlbefinden benötigen fast alle Lebendgebärenden – zumindest ein- bis zweimal wöchentlich – Lebendfutter.

Trockenfutter

Die sicherlich bequemste Art der Fütterung ist für den Aquarianer das Füttern mit Trockenfutter. Es wird in verschiedener Form angeboten. Man unterscheidet Flockenfutter, Futtertabletten, Pellets und Granulatfutter. Trockenfutter enthält Vitamine und Spurenelemente, die für die Gesundheit der Fische wichtig sind. Leider sind sowohl Vitamine als auch Spurenelemente nur über einen begrenzten Zeitraum haltbar. Beherzigen Sie deshalb folgendes:
• Trockenfutter immer nur in Packungsgrößen kaufen, die in etwa zwei Monaten aufgebraucht werden.
• Möglichst Markenfutter erwerben. Es wird im Geschäft meist schneller umgesetzt und der Hersteller achtet auf die Zusammensetzung.
• Auch beim Händler kann Futter alt werden. Verstaubte Futterdosen sind ein Warnsignal.

◁ Lebendgebärende Zahnkarpfen.
Die Tuxedo-Zuchtform des Papageienplatys (*Xiphophorus variatus*) hat einen besonders auffälligen schwarzen Seitenspiegel.

Flockenfutter: Fast unübersehbar ist die Vielzahl des Flockenfutterangebots. Es unterscheidet sich in der Zusammensetzung, in der Flockengröße und in der Packungsgröße. Die normalerweise angebotenen Flockenfutterarten enthalten eine Mischung tierischer und pflanzlicher Bestandteile. Diese Zusammensetzung bietet praktisch für jeden Fisch etwas, unabhängig von seiner in der Natur bevorzugten Nahrung. Mit dieser Flockenfuttermischung können Sie die meisten Lebendgebärenden über einen längeren Zeitraum gesund ernähren, allerdings sollten Sie die Nahrung durch Lebendfutter (→ Seite 30) ergänzen.
Daneben gibt es Flockenfutter, das überwiegend aus pflanzlichen Zutaten besteht. Diese Flocken eignen sich besonders für Lebendgebärende, die in der Natur vorwiegend pflanzliche Nahrung zu sich nehmen (→ Pflegeanleitungen, Seite 56). Andere Flocken enthalten Farbstoffe, etwa Carotin, das besonders Rottöne im Schuppenkleid der Fische deutlich hervortreten läßt. Dieses Futter eignet sich gut als Zusatznahrung für rote Zuchtformen.
Die Flockengröße sollte sich immer nach der Größe der Fische richten, die Sie pflegen. Im Gesellschaftsbecken können Sie mit normaler Flockengröße füttern. Diese Flocken bestehen aus einer Mischung von kleinen und größeren Flocken und bieten damit für jeden Fisch etwas. Je kleiner allerdings die Fische sind, desto kleiner müssen auch die Flocken sein. Der Zoofachhandel hat für jede Fischgröße geeignete Futterflocken im Sortiment. Halten Sie beispielsweise Jungfische zusammen mit größeren in einem Becken, zerbröseln Sie einen Teil der Flocken zwischen den Fingerspitzen. Dabei entstehen ausreichend kleine Flocken für die Jungtiere.
Mein Tip: Wer die Rottöne von Schwertträgern oder Platys besonders gut unterstützen will, sollte einmal pro Woche Edelpaprika füttern. Es enthält besonders viel Carotin.

Futtertabletten: Sie werden in zwei verschiedenen Formen angeboten: Solche, die sofort zu Boden sinken und solche, die an die Scheibe geklebt werden und sich erst langsam auflösen. Futtertabletten, die zu Boden sinken, eignen sich nur für Fische, die ihr Futter auch vom Boden aufnehmen. Das tun nicht alle Lebendgebärenden (→ Pflegeanleitungen, Seite 56). Die meisten Arten mögen Futtertabletten, die an die Scheiben geklebt werden. Für viele Lebendgebärende sind Futtertabletten ein gutes Zusatzfutter.

Futterpellets: Das sind zerstückelte »Fäden« von Trockenfutter, wie etwa kleinste Spaghetti, die zusammengepreßt sind. Zerrieben oder zerdrückt sind sie sehr gut als Aufzuchtfutter zu verwenden. Allerdings sollten Sie Futterpellets nur sparsam verfüttern, denn sie verschlechtern die Wasserqualität. Inzwischen wird auch pelletiertes Futter speziell für Zierfische angeboten. Nach meinen Erfahrungen eignet sich dieses Futter nicht zur Aufzucht und wird auch von größeren Fischen ungern angenommen.

Granulatfutter: Ist empfehlenswert, wird aber nicht von jedem Fisch sofort akzeptiert. Auch hier ist besonders darauf zu achten, daß nicht zuviel gefüttert wird (→ Fütterungsregeln, Seite 35), weil dieses Futter sich nicht wie übriggebliebenes Flockenfutter schnell zersetzt, sondern schimmelt.

Mein Tip: Wenn halbwüchsige und erwachsene Fische gut geeignete Futtersorten zunächst verschmähen, helfen ein oder zwei Fastentage gut nach, um sie daran zu gewöhnen.

Lebendfutter

Lebendfutter gehört bei der Mehrzahl der Lebendgebärenden zum natürlichen Nahrungsspektrum. Selbst die sogenannten Pflanzen- und Algenfresser nehmen einen Teil tierischer Nahrung auf, die sich zwischen den Algen festgesetzt hat. Deswegen sollen Sie allen Lebendgebärenden mindestens einmal wöchentlich oder häufiger lebendes Futter reichen.

Einige Arten ernähren sich vorwiegend von Lebendfutter (→ Pflegeanleitungen, Seite 56). Lebendfutter kann in vier verschiedene Varianten unterteilt werden:

• Frisches Lebendfutter (lebende Futtertiere).
• Gefrorenes Lebendfutter (Frostfutter, Gefrierfutter).
• Gefriergetrocknetes Lebendfutter.
• Getrocknetes Lebendfutter.

Frisches Lebendfutter
In der Natur ist der Futtererwerb für die Fische oft schwierig. Sie müssen den lebenden Futtertieren regelrecht hinterherjagen, bevor sie einen guten Happen erbeuten. Das tut der Kondition der Fische gut und beugt der in Aquarien gelegentlich beobachteten Verfettung (vor allem der Leber) vor. Außerdem enthalten lebende Futtertiere einen besonders hohen Anteil an Spurenelementen und Vitaminen, aber auch an Ballast- und wichtigen Nährstoffen.
Für Fische, die im Aquarium in der Regel unter Bewegungsmangel leiden, ist die Jagd nach lebenden Futtertieren eine Gelegenheit zum ausgiebigen Ausschwimmen. Dies sind Gründe dafür, warum Sie sich zumindest bemühen sollten, gelegentlich lebende Futtertiere anzubieten.

Wo Sie Lebendfutter bekommen
Zur Beschaffung lebender Futtertiere gibt es drei Möglichkeiten: Selbstfangen, Kauf oder Zucht.

Selbstfangen: Futtertiere, die im Wasser leben, sollten möglichst aus sauberen, fischfreien Gewässern stammen. Sonst können Krankheitserreger oder Fischparasiten (Karpfenlaus, Egel) eingeschleppt werden. Aber auch in fischfreien Gewässern ist darauf zu achten, keine Süßwasserpolypen *(Hydra)* oder Strudelwürmer (Planarien) mitzufangen. Diese beiden Hohltiere machen nämlich Jagd auf Jungfische. Aber auch empfindlicheren ausgewachsenen Arten

Die richtige Ernährung

können besonders die Süßwasserpolypen durch ihre Nesselarme Schaden zufügen. Nur wenige Lebendgebärende (vor allem einige Hochlandkärpflinge) fressen sogar *Hydra*.

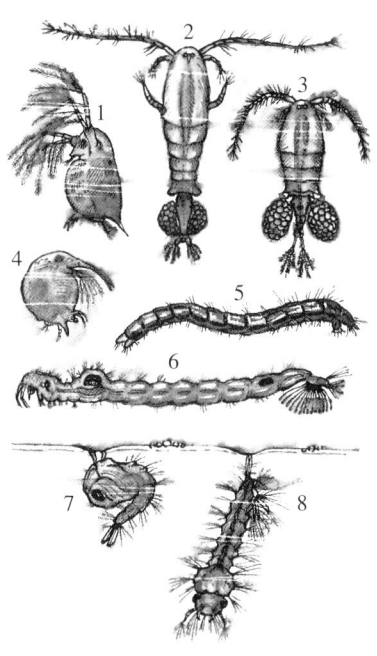

Futtertiere. Lebende Futtertiere sind für die artgerechte Ernährung von Lebendgebärenden unentbehrlich. Die hier abgebildeten Futtertiere können Sie selbst fangen oder im Zoofachhandel kaufen. 1. »Wasserfloh« *(Daphnia)*, 2. Hüpferling *(Diaptomus)*, Weibchen mit Eisäcken, 3. Hüpferling *(Cyclops)*, Weibchen mit Eisäcken, 4. Rüsselkrebschen *(Bosmina)*, 5. Rote Mückenlarve *(Chironomos)*, 6. Weiße Mückenlarve – Büschelmücke *(Corethra)*, 7. Puppe und 8. Larve der Stechmücke *(Culex;* Schwarze Mückenlarve).

Grundsätzlich sollten Sie sich angewöhnen, das Lebendfutter schon am Fangort vorzusieben. Größere Tiere wie Libellenlarven, Gelbrandkäferlarven (beide leben räuberisch und sind eine Gefahr für Aquarieninsassen), Wasserwanzen oder Rückenschwimmer werden ausgesiebt und zurückgesetzt.

Futtertiere, die nicht im Wasser leben und die Sie selbst fangen können, gibt es nur wenige. Dazu gehören beispielsweise die Fliegen. Bei ihnen treten weder rechtliche Probleme (→ unten) auf, noch besteht eine Ansteckungsgefahr in bezug auf Krankheiten.

Mein Tip: Selbstgefangenes Futter sollten Sie eine halbe Stunde lang in ein stark belüftetes 20 l-Aquarium geben, das nur diesem Zweck dient. In dieser Zeit setzen sich Süßwasserpolypen, Planarien und Egel an den Seitenwänden ab. Geeignetes Futter kann dann sauber entnommen werden.

Achtung: Vor dem ersten Fang sollen Sie sich über die im jeweiligen Bundesland geltende Naturschutzgesetzgebung und die Eigentumsverhältnisse des Fanggewässers informieren. Vor allem bei örtlichen Aquarienvereinen können Sie meist alle notwendigen Informationen über die Möglichkeit des Lebendfutterfangs aus Gewässern erfahren.

Kauf: Der einfachste Weg, lebende Futtertiere zu bekommen, ist der Kauf im Zoofachgeschäft. Vor allem Tubifex, Wasserflöhe und Weiße Mückenlarven sind meist ganzjährig im Angebot.

Zucht: Eine unter den Aquarianern bisher wenig genutzte Möglichkeit, immer lebende und hochwertige Futtertiere zur Verfügung zu haben, ist die Futtertierzucht (→ Seite 33) Natürlich erfordert sie einen zusätzlichen Zeitaufwand, dafür sind Sie aber unabhängig vom jahreszeitlich schwankenden Angebot der Natur und dem Angebot des Zoofachhandels.

Die richtige Ernährung

Geeignete Futtertiere

Je nach den Pflegeansprüchen (→ Pflegeanleitungen, Seite 56) eignet sich eine große Zahl von Futtertieren für die Fütterung der Lebendgebärenden. Im Rahmen dieses Ratgebers kann nur eine Auswahl der wichtigsten Futtertiere berücksichtigt werden. Weiterführende Informationen gibt Ihnen die Fachliteratur (→ Adressen, die weiterhelfen, Seite 72).

Mückenlarven: Nach ihrer Färbung werden drei verschiedene Arten von Mückenlarven unterschieden: Schwarze, Rote und Weiße Mückenlarven.

Schwarze Mückenlarven finden Sie vom Frühjahr bis zum Herbst in kleinen und kleinsten Wasseransammlungen, häufig im Wald. Die Larven leben direkt unter der Wasseroberfläche. Je nach Entwicklungsstadium bieten die Larven sowohl Jungfischen als auch ausgewachsenen Lebendgebärenden ein exzellentes Futter. Allerdings darf immer nur soviel gefüttert werden, wie innerhalb weniger Minuten gefressen wird. Schwarze Mückenlarven sind nämlich die Larven der Stechmücken *(Culex)* und können sich bei hohen Temperaturen (wie sie im Aquarium ja herrschen) innerhalb weniger Stunden verpuppen. Die Puppen, die Sie an ihren dicken Köpfen erkennen können, werden ungern gefressen. Außerdem sind die geschlüpften Mücken in der Wohnung sicher nicht erwünscht.

Mein Tip: Wer sichergehen will, daß die Larven nicht schlüpfen, frostet sie kurz ein (→ Gefrierfutter, Seite 34). Sie werden trotzdem gerne von den Fischen genommen.

Schwarze Mückenlarven können Sie auch selbst züchten. Stellen Sie im Garten oder auf dem Balkon an einer schattigen Stelle einen großen Behälter (Aquarium, Pflanztopf ab 50 l) auf. Füllen Sie den Behälter mit Wasser und gießen Sie etwas Brennesselsaft (aus zerstoßenen Brennesseln) dazu. Schon bald stellen sich die ersten Mückenlarven ein. Schöpfen Sie die Larven immer vor der Verpuppung ab.

Weiße Mückenlarven (Glasstäbchen) sind nicht weiß, sondern vollkommen durchsichtig. Es sind die Larven der nicht stechenden Büschelmücken, die uns an warmen Sommertagen in Schwärmen begegnen. Die Larven können in sauberen, stehenden Gewässern gefangen werden. Besonders im Winter findet man sie oft reichlich, selbst unter einer Eisdecke. Weiße Mückenlarven sind ein sehr gutes Futter. Sie können sie in feuchtes Zeitungspapier eingewickelt im Kühlschrank aufbewahren.

An Jungfische dürfen keine Weißen Mückenlarven verfüttert werden. Die Larven leben räuberisch und können den oft winzigen Jungfischen gefährlich werden.

Rote Mückenlarven stammen ebenfalls von nichtstechenden Mücken. Sie kommen allerdings vor allem im Bodengrund oder Bodenbereich organisch und oft auch mit Schwermetallen stark belasteter Gewässer vor. Deshalb sollten sie nicht häufiger als einmal wöchentlich gefüttert werden. Einige Lebendgebärende, beispielsweise Guppys und Gambusen, fressen besonders gern Rote Mückenlarven.

Achtung: Rote Mückenlarven können bei Menschen starke Allergien hervorrufen, wenn sie damit in Berührung kommen. Deshalb sollten Menschen, die zu Allergien neigen, Gummihandschuhe während der Fütterung anziehen und darauf achten, daß Augen oder Schleimhäute nicht berührt werden.

Kleinkrebse: Die bekanntesten Kleinkrebse sind sicherlich die Wasserflöhe (Daphnien). Sie kommen in sehr vielen stehenden sauberen bis mäßig verschmutzten Gewässern vor. Wasserflöhe sind ein ausgezeichnetes, ballaststoffreiches, wenn auch nährstoffarmes Futter. Gerade dies ist aber auch ein Vorteil, denn die Ballaststoffe halten die Fische gesünder. Wasserflöhe findet man übrigens auch manchmal in geringen Mengen im Gartenteich. Weitere Kleinkrebse sind Hüpferlinge *(Cyclops)*

Die richtige Ernährung

und Rüsselkrebschen (Bosminen). Leider leben *Cyclops* räuberisch und können durch ihr schnelles Wachstum kleinen Jungfischen gefährlich werden. Bosminen sind ein fast ideales Jungfischfutter. Sie kommen aber nur noch an wenigen Stellen in natürlichen Gewässern vor.

Würmer: Tubifex (Bachröhrenwürmer) werden von allen Lebendgebärenden sehr gern gefressen. Sie sind vor allem für Zuchttiere ein exzellentes Kraftfutter. Jungfischen können Tubifex auch zerhackt gegeben werden. Leider kommen Bachröhrenwürmer nur in organisch (und meist auch mit anderen Stoffen, etwa Schwermetallen) stark belasteten Gewässern vor. Dort leben die roten Würmer im schlammigen Bodengrund. Bei Massenvorkommen bilden sie sehr dichte Kolonien. Tubifex sind auch in den meisten Zoofachgeschäften erhältlich. Ob selbst gefangen oder gekauft, Tubifex müssen vor dem Verfüttern mehrere Tage gut gewässert werden. Entweder wird das Gefäß mit den Tubifex unter einen leicht tropfenden Wasserhahn gestellt oder Sie wechseln mehrmals täglich das Wasser, das den Klumpen dann aber nicht ganz bedecken sollte. Weiße, also abgestorbene Tubifex sowie Schmutz vor dem Füttern entfernen! Gute Zoofachhändler verkaufen übrigens nur bereits gewässerte Tubifex.

Es gibt speziell für die Verfütterung von Tubifex entwickelte Futterringe (im Zoofachhandel erhältlich). Diese sollten Sie unbedingt benutzen, wenn Sie nicht gleichzeitig Bodenfische oder große Schnecken pflegen, die zu Boden gesunkene Tubifex verzehren.

Mein Tip: Einen kleinen Vorrat an Tubifex halten Sie über mehrere Tage frisch, wenn Sie die Würmer in eine flache Schale geben und mit wenig Wasser bedeckt in den Kühlschrank stellen. Das Wasser muß zweimal täglich gewechselt werden.

Hinweis: Zuchtanleitungen für Mikro-Würmchen finden Sie auf Seite 34.

Fliegen: Einige oberflächenorientierte Lebendgebärende (→ Pflegeanleitungen, Seite 56) sind besonders auf Anflugnahrung, wie zum Beispiel Fliegen, spezialisiert. Mit entsprechender Fütterung kann der Haltungserfolg verbessert werden.

Am leichtesten sind Kleine Obstfliegen zu fangen. Legen Sie in den Sommermonaten ein Stück Obst (Banane ist besonders gut geeignet) beispielsweise in ein Einmachglas ohne Deckel und stellen Sie das Glas draußen auf. Nach einigen Stunden haben sich genügend Obstfliegen im Glas versammelt. Verschließen Sie es nun mit einem Deckel. Wer Obstfliegen züchten möchte, findet auf der Seite 34 eine genaue Zuchtanleitung.

Futtertiere züchten

Einige hochwertige Futtertiere für Lebendgebärende lassen sich mit recht wenig Zeitaufwand züchten. Zuchtansätze erhalten Sie im Zoofachgeschäft, über Aquarienvereine oder Fachzeitschriften (→ Adressen, die weiterhelfen, Seite 72).

Artemia-Nauplien

Die Larven des Salinenkrebses *(Artemia salina)* sind nicht nur ein ausgezeichnetes Jungfischfutter, sondern werden auch von vielen größeren Lebendgebärenden sehr gern gefressen. *Artemia*-Eier sind über mehrere Jahre lagerfähig und damit immer zum Ansetzen als Lebendfutter verfügbar.

Zuchtbehälter: Flasche mit engem Hals (1–2 l Inhalt); mit Hilfe eines Artemia-Kulturgerätes aus dem Zoofachhandel (Deckel mit zwei Öffnungen, durch eine wird Luft eingeblasen, aus der anderen kann sie entweichen) Flasche verschließen.

Zuchtansatz: 1 l Wasser; 2 Teelöffel jodarmes Salz; bis zu 3 Teelöffel *Artemia*-Eier (nur so viele Eier nehmen, wie in zwei Tagen verfüttert werden können); Flasche warm stellen (etwa 25 °C).

Mit einer Membranpumpe das Gemisch sehr stark belüften. Nach etwa 24 Stunden Nauplien entnehmen. Drei Tage später sollten die letzten Nauplien verfüttert sein, denn dann haben die Larven ihren Dottersack fast aufgebraucht und kaum noch einen Nährwert.

Entnahme: Membranpumpe für einige Minuten abstellen. Mit Hilfe eines kleinen Gummischlauches deutlich sichtbare *Artemia*-Nauplien in ein spezielles Artemiasieb (im Zoofachhandel erhältlich) absaugen. Der jetzt noch vorhandene Salzgehalt an den Nauplien schadet den Lebendgebärenden beim Verfüttern nicht.

Mikro-Würmchen

Für die Jungfischaufzucht eignen sich die leicht zu züchtenden Mikro-Würmchen sehr gut.

Zuchtbehälter: Eine Scheibe Brot in eine kleine, verschließbare Plastikschale oder einen entsprechenden Glasbehälter geben und mit Wasser bedecken; Mikro-Ansatz hineingeben; Behälter verschließen und einige Tage stehen lassen. Nach wenigen Tagen zeigen sich die kaum 2 mm großen Würmchen an den Seitenwänden des Behälters.

Entnahme: Würmchen mit dem Finger oder einem Pinsel von den Seitenwänden des Behälters abnehmen und verfüttern. Einige Mikros für neue Ansätze zurückbehalten.

Fruchtfliegen

Für die Zucht sind die normale Obstfliege *(Drosophila melanogaster)* und die afghanische Fruchtfliege geeignet. Von beiden Arten gibt es eine flugunfähige, stummelflügelige Form.

Zuchtbehälter: Glasgefäße ab 400 ml.

Futterbrei: Haferflocken, Banane und Kindernahrung (Milupa; Verhältnis 2:1:1) mit Wasser zu einem dickflüssigen Brei verkochen. Den Brei etwa einen Zentimeter hoch in das Gefäß

einfüllen. Darauf ein Papierknäuel zum Krabbeln für die erwachsenen Fliegen legen. 20 Fliegen reichen als Zuchtansatz aus. Dann Gefäß mit einem luftdurchlässigen Deckel (etwa aus einem Nylonstrumpf zugeschnitten) verschließen. 14 Tage später ist der Ansatz entnahmereif.

Entnahme: Fliegen im Gefäß über der Wasseroberfläche des Aquariums ausschütten. Vorher ausreichend Fliegen für einen neuen Zuchtansatz entnehmen.

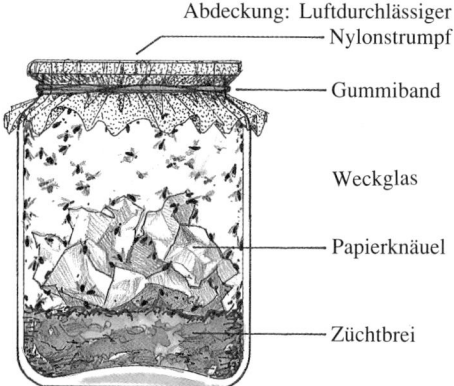

Abdeckung: Luftdurchlässiger Nylonstrumpf

Gummiband

Weckglas

Papierknäuel

Züchtbrei

Fliegenzucht. Fruchtfliegen sind ein ideales Futter für Lebendgebärende.

Mein Tip: Immer zwei Zuchtansätze gleichzeitig betreiben, falls einer schimmelig wird oder die Zucht aus anderen Gründen fehlschlägt.

Gefrierfutter

Gefrorenes Futter enthält fast ebenso viele Nährwerte wie frisches Futter. Sie können es in Tafeln gefroren im Zoofachhandel kaufen oder selbst herstellen. Beim Selbereinfrieren das Futter ebenso behandeln wie Lebensmittel. Das Gefriergerät muß vorgekühlt sein, damit die Futtertiere sofort schockgefrostet werden. Bei einer Temperatur von –20 °C behält es für 1 bis 2 Jahre seinen vollen Nährwert.

Die richtige Ernährung

Futtertiere wie Schwarze, Rote und Weiße Mückenlarven, Wasserflöhe, *Artemia* (ausgewachsen), Mysis und Krill eignen sich hervorragend zum Einfrieren. Vor allem Schwarze und Weiße Mückenlarven sind ein ausgezeichnetes Zusatzfutter für nicht zu kleine Lebendgebärende. Ein- bis zweimal wöchentlich können auch die anderen aufgezählten Futterarten verwendet werden. Tubifex sind nicht zum Einfrieren geeignet. Miesmuscheln und Muskelfleisch (Rinderherz) eignen sich zwar zum Einfrieren, werden aber nur von wenigen Lebendgebärenden angenommen. Deshalb sollen Sie auf diese Futterarten ganz verzichten.

Getrocknetes Futter

Gelegentlich werden immer noch getrocknete Wasserflöhe angeboten. Sie waren ein Notfutter für die Aquarienfische unserer Großväter. Eine Verfütterung ist nicht empfehlenswert, weil getrocknete Futtertiere fast keine Nährstoffe enthalten.

Gefriergetrocknetes Futter

Im Zoofachhandel werden auch gefriergetrocknete Mückenlarven und Tubifex angeboten. Während die Mückenlarven von meinen Fischen gut angenommen werden (Vorsicht auch hier, Allergiegefahr bei Roten Mückenlarven, Seite 32), sind die gefriergetrockneten Tubifex weniger beliebt und deshalb ziemlich wertlos für eine gesunde Fütterung.

Pflanzenfutter

Einige Lebendgebärende nehmen einen besonders hohen Anteil an pflanzlicher Nahrung zu sich (→ Pflegeanleitungen, Seite 56). Algen bieten ein vollwertiges Futter. Stellen Sie ein Einmachglas voll Aquarienwasser an ein sonniges Fenster und geben Sie einige Wasserpflanzenblätter hinein. Die Blätter veralgen schnell. Geben Sie die Algen als Futter ins Aquarium. Überbrühter Blattspinat (kleingeschnitten) wird ebenfalls von vielen Lebendgebärenden, vor allem Hochlandkärpflingen, gern angenommen.

Das Füttern von Jungfischen

Für Jungfische geeignete Futterarten sind vor allem *Artemia*-Nauplien, Bosminen, frisch geschlüpfte Schwarze Mückenlarven, zerhackte Tubifex, Mikro-Würmchen und kleingeriebenes Trockenfutter. Jungfischen nur Futter geben, das nicht größer als ihr Augendurchmesser ist.

Zuchtfische füttern

Um die Wurfabstände zu verkleinern und die Zahl der Jungen zu erhöhen, erhalten Zuchtfische mehrmals wöchentlich Lebendfutter. Zuchtfische müssen sehr abwechslungsreich ernährt werden. Schwarze Mückenlarven scheinen einen besonders positiven Einfluß auf die Anzahl der Jungen pro Wurf zu haben.

Acht Fütterungsregeln

1. Füttern Sie nur so viel, wie die Fische in 15 Minuten fressen, es sei denn, Sie haben Bodenfische oder Apfelschnecken als Resteverwerter. Auch dann mäßig füttern.
2. Erwachsene Fische ein- bis zweimal täglich, Jungfische auch häufiger füttern.
3. Einmal pro Woche einen Fastentag für mindestens halbwüchsige Fische einlegen.
4. Füttern Sie nie kurz vor dem Lichtlöschen. Nicht gefressenes Futter verdirbt nachts.
5. Füttern Sie abwechslungsreich. Auch Fische wollen nicht jeden Tag »Eintopf«.
6. Stellen Sie einen Speiseplan für ein oder zwei Wochen auf.
7. Mindestens einmal pro Woche Lebendfutter füttern; Zuchttieren mehrmals wöchentlich Lebendfutter anbieten.
8. Futterreste, die nach einer Stunde noch im Aquarium sind, absaugen, sonst leidet die Wasserqualität zu stark.

Krankheiten der Lebendgebärenden

Von einigen typischen Krankheiten abgesehen, sind die Lebendgebärenden im allgemeinen wenig krankheitsanfällig. Verursacht werden Krankheiten durch Bakterien, Viren und Parasiten, die sich im Aquarium befinden. Ein gesunder Fisch hat in der Regel so viele Abwehrkräfte, daß ihm die Krankheitserreger wenig anhaben können. Ungünstige Haltungsbedingungen, wie etwa falsche Fütterung, schlechte Wasserverhältnisse, Übersetzung oder andere Streßsituationen können jedoch den Organismus der Lebendgebärenden so schwächen, daß sie erkranken. Im folgenden Kapitel beschreibe ich Ihnen die häufigsten Krankheiten der Lebendgebärenden. Natürlich gibt es noch eine Vielzahl anderer möglicher Erkankungen. Bitte informieren Sie sich in der entsprechenden Fachliteratur (→ Seite 72).

Krankheiten vermeiden

Sie können vielen Krankheiten Ihrer Lebendgebärenden vorbeugen, indem Sie ihnen optimale Lebensbedingungen bieten. Wichtig ist aber auch, daß Sie einige Sicherheitsvorkehrungen beachten:

• Keine sichtbar erkrankten Fische kaufen und in das Haltungsbecken einsetzen (→ Quarantäne, Seite 12).

• Erkrankte Fische in einem separaten Becken behandeln.

• Tote Fische sofort aus dem Aquarium nehmen.

• Fische täglich auf Krankheitsanzeichen hin beobachten.

• Je eher eine Behandlung einsetzt, desto besser sind die Heilungsaussichten.

Mein Tip: Einige Medikamente zur Bekämpfung der wichtigsten Krankheiten sollten immer vorrätig sein, damit auch am Wochenende mit der Behandlung begonnen werden kann.

• Kescher und andere Geräte nach dem Gebrauch desinfizieren, wenn Sie mehr als ein Becken haben. Eine Desinfektionslösung kann aus einer gesättigten Kochsalzlösung (100 g Kochsalz auf 1 l Wasser) bestehen. Eine Lösung von Methylenblau (in der Apotheke erhältlich) in Wasser wirkt ebenfalls desinfizierend.

Wichtig: Nach der Desinfektion müssen alle Gegenstände unter klarem Wasser abgespült werden.

Krankheiten, die häufiger vorkommen

Für die nachfolgend beschriebenen Krankheiten gibt es im Zoofachhandel oder in der Apotheke Medikamente, die gute Heilungserfolge versprechen. Bitte beachten Sie bei der Anwendung der Medikamente grundsätzlich die beiliegende Gebrauchsanweisung.

Achtung: Medikamente vor Kindern sicher aufbewahren!

Weißpünktchen-Krankheit

Krankheitszeichen: Bis zu 1 mm große, weiße Körnchen auf Haut und Flossen der Fische.
Ursache: Einzellige Wimpertierchen *(Ichthyophthirius)*.
Behandlung: Handelsübliche Medikamente nach Vorschrift anwenden.

Weißmaulkrankheit

Krankheitszeichen: Das Maul und die äußeren Flossenränder haben einen weißlichen Belag, vor allem bei Guppys fasern die Flossen auch aus.
Ursache: Bakterielle Infektion *(Flexibacter columnaris)*.
Behandlung: Teilweiser Wasserwechsel, dann mit Aquafuran nach Vorschrift behandeln. Stark befallene Fische (totaler Flossenverlust) töten (→ Seite 39).

Krankheiten der Lebendgebärenden

Bakterielle Flossenfäule

Krankheitszeichen: Ausgefranste Flossen mit breitem, weißlichem Rand; gelegentlich ist die ganze Flosse verklebt.

Ursache: Bakterielle Infektion (*Pseudomonas, Aeromonas* und andere Erreger).

Behandlung: Sofortige Verbesserung der Haltungsbedingungen, zusätzlich Aquafuran nach Gebrauchsanweisung.

Fischtuberkulose

Krankheitszeichen: Schuppensträube, Glotzaugen, äußere Geschwüre, starkes Abmagern. Bauchwassersucht (Anschwellen des Leibes).

Ursachen: Bakterielle Infektion (*Mycobacterium spec.)*

Behandlung: Bei sichtbar infizierten Tieren ist keine erfolgversprechende Behandlung möglich. Befallene Tiere abtöten (→ Seite 39). Fischtuberkulose tritt bei optimalen Haltungsbedingungen fast nie auf!

Achtung: Fischtuberkulose kann auch Infektionen beim Menschen auslösen (schlecht heilende Pickelchen im Kontaktbereich mit Aquarienwasser). Darum nie mit offenen Wunden ins Aquarienwasser fassen, sondern immer Gummihandschuhe tragen.

Kiemenwürmer

Krankheitszeichen: Fische stehen mit abstehenden Kiemendeckeln schwer atmend im Wasser oder scheuern mit den Kiemen an Steinen und Dekoration.

Ursache: Kiemenwürmer *(Dactylogyrus* oder *Gyrodactylus).*

Behandlung: Masoten ®. Stammlösung: 1 g auf 1 Liter Wasser, davon als Dauerbad 100 ml auf 100 Liter Aquarienwasser (Neguvon: 0,8 g auf 1 l, 80 ml auf 100 l Aquarienwasser). Nach drei Tagen erfolgt ein 50%-iger Wasserwechsel, der Rest des Medikaments wird über Aktivkohle ausgefiltert.

Fisch-Krankheiten

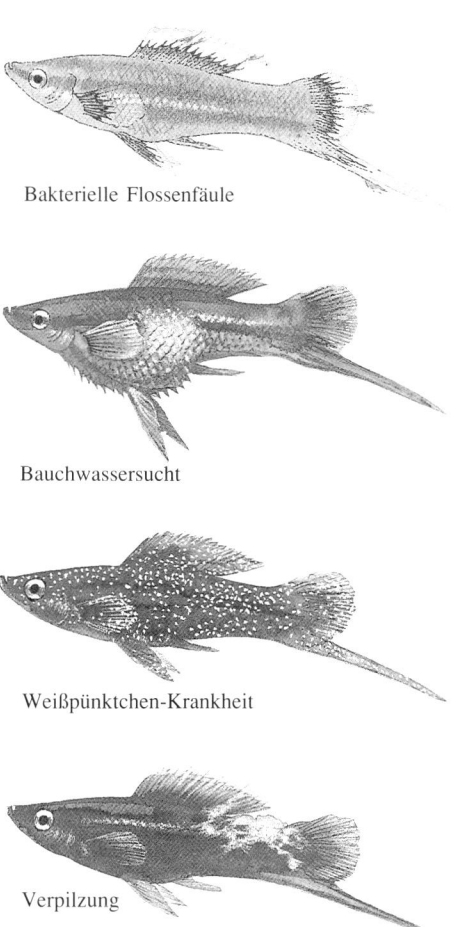

Bakterielle Flossenfäule

Bauchwassersucht

Weißpünktchen-Krankheit

Verpilzung

Krankheiten. Die hier dargestellten Erkrankungen der Lebendgebärenden werden durch Bakterien, Viren oder Parasiten verursacht. Besonders krankheitsgefährdet sind Fische, deren Organismus bereits durch Streß und ungünstige Haltungsbedingungen wie etwa falsche Fütterung, schlechte Wasserverhältnisse oder Überbesetzung des Aquariums geschwächt ist.

Krankheiten der Lebendgebärenden

Nur klumpenfreies Masoten ® ist wirksam, ansonsten bei 110 °C im Backofen oder mit Silica-Gel trocknen.

Achtung: Masoten ist giftig und darf keinesfalls von Menschen oder eventuell im Haus lebenden Heimtieren verschluckt werden.

Eingeweidewürmer

Krankheitszeichen: Starkes Abmagern, weißlicher, fädiger Kot. Gelegentlich hängen auch rote Würmchen aus dem After.

Ursache: Fadenwürmer (*Capillaria*) oder Fräskopfwürmer (*Camallanus*).

Behandlung: Schwierig. Erfolgsaussichten bestehen bei Verwendung von Concurat ® oder Masoten ®. Concurat ® entweder dem Futter beimischen oder direkt füttern, aber höchstens zweimal hintereinander und dann wieder im Abstand von drei Wochen.

Was fehlt den Lebendgebärenden?

Verhaltensänderung	Mögliche Ursache	Behandlung
Luftschnappen an der Wasseroberfläche	1. Sauerstoffmangel durch Ausfall von Filter oder Belüftung	Sofortiger 50%-iger Teilwasserwechsel, Filter/ Belüftung reparieren
	2. Kiemenwürmer	→ Seite 37
	3. Temperatur zu hoch	Temperatur kontrollieren
Scheuern an Gegenständen im Aquarium	1. Kiemenwürmer	→ Seite 37
	2. Weißpünktchen-Krankheit	→ Seite 36
	3. Hauttrüber	→ Seite 39, Haltungsbedingungen verbessern
Schaukeln im Wasser	1. Hauttrüber	→ Seite 39
	2. Bakterielle Flossenfäule	→ Seite 37, Haltungsbedingungen verbessern
Abmagerung	1. Darmkrankheit	Medikament einsetzen
	2. Fischtuberkulose	Fisch abtöten
Schnelles Herumschießen im Wasser	1. Vergiftung	50%-iger Wasserwechsel, Wasserwerte kontrollieren
	2. Hautparasiten	Fische genau beobachten, im Bedarfs- fall Medikament einsetzen
Fische können nicht mehr richtig schwimmen oder liegen auf dem Boden	Schwimmblasendefekt durch Unterkühlung	Fische genau kontrollieren, abwechslungsreich füttern, Wasserbedingungen kontrollieren
Ausgefranste Flossen	1. Weißmaulkrankheit	→ Seite 36
	2. Bakterielle Flossenfäule	→ Seite 37
	3. Andere rabiate Fische	Besetzung beobachten

Krankheiten der Lebendgebärenden

Hauttrüber

<u>Krankheitszeichen:</u> Milchige Haut- und Flossenbeläge, verklebte Flossen, Fische stehen schaukelnd im Wasser.

<u>Ursache:</u> Geißeltierchen (*Costia*) oder Wimperntierchen (*Chilodonella*).

<u>Behandlung:</u> Temperaturerhöhung auf 32 °C, methylenblauhaltige Präparate aus dem Zoofachhandel.

Vergiftungen

<u>Krankheitszeichen:</u> Fische stehen nach Luft schnappend an der Wasseroberfläche, obwohl Filter und Belüftung gut funktionieren. Gelegentlich schießen die Fische auch unkontrolliert im Aquarium umher.

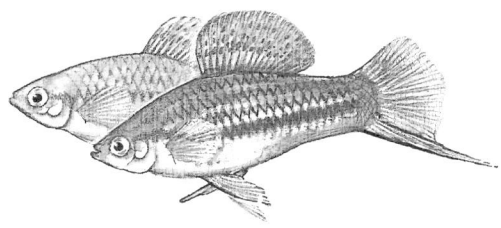

<u>Paarungsspiel des Cortez-Schwertträgers.</u> Mit gespreizten Flossen »umtanzt« das Männchen das Weibchen während der Balz.

<u>Ursache:</u> Metallvergiftung durch Kupfer (neue Wasserleitungen, Algenbekämpfungsmittel in Überdosis) oder Vergiftung durch organische Abbauprodukte wie Ammoniak oder Nitrit (→ Seite 23).

<u>Behandlung:</u> Neu eingerichtete Becken nur sehr sparsam besetzen, Wasserwechsel regelmäßig durchführen. Sofortmaßnahme im Vergiftungsfall: 50%-iger Wasserwechsel, eventuell 12 Stunden später wiederholen. Ursache feststellen (Testsets aus dem Zoofachhandel).

Wichtige Hinweise für die Behandlung von Krankheiten

Grundsätzlich sollten Sie schon beim ersten Krankheitsanzeichen versuchen, die Krankheit zu erkennen und entsprechend zu behandeln. Die meisten Krankheiten können dann noch geheilt werden. Bei der Behandlung sollten möglichst Medikamente aus dem Zoofachhandel eingesetzt werden. Von den gelegentlich empfohlenen Antibiotika als Fischmedikamente rate ich dringend ab. Durch den übermäßigen Einsatz dieser Mittel bei der Massenzucht von Zierfischen in den Exportländern gibt es bereits viele gegen Antibiotika resistente Krankheitserreger. Zusätzlich sind Krankheiten, bei denen Antibiotika eingesetzt werden müssen, meist sowieso nicht heilbar.

<u>Während der Medikamentenbehandlung</u> sollten Sie Aktivkohlefilter ausschalten. Nach erfolgreicher Behandlung Aktivkohlefilter einschalten, damit Medikamentenreste ausgefiltert werden.

Töten eines Fisches

Wenn es aus Krankheitsgründen notwendig ist, einen Fisch abzutöten, sollte dies schnell geschehen. Die beste Methode – besonders für kleine Fischarten – ist es, den Fisch in kochendes Wasser zu geben. Wer sich dazu in der Lage fühlt, kann dem Fisch auch mit Hilfe einer Rasierklinge und einem schnellen Schnitt das Rückgrat unmittelbar hinter dem Kopf durchtrennen. So verhindern Sie, daß der Fisch unnötig leidet.

Lebendgebärende züchten

Die Zucht von Lebendgebärenden ist faszinierend und lehrreich zugleich. Die Jungen sind nach der Geburt sofort schwimmfähig (→ Zeichnung, Seite 5). Sie brauchen keine elterliche Fürsorge. Bei einigen Arten wie zum Beispiel den Gambusen ist es sogar für das Überleben wichtig, daß sie bereits in den ersten Lebenssekunden flüchten können, denn die Eltern versuchen die Jungen nach der Geburt zu fressen.

Vermehrungs- oder Hochzucht?

Bei den Lebendgebärenden müssen zwei grundsätzlich verschiedene Arten der Zucht unterschieden werden:
Die Vermehrungszucht wird von den meisten Aquarianern angestrebt. Hier geht es darum, den Fischen solch optimale Haltungsbedingungen zu bieten, daß sie sich vermehren und gesunden Nachwuchs zur Welt bringen.
Die Hochzucht hat ebenfalls das Ziel, gesunde Fische zu züchten. Hinzu kommt jedoch, daß der Züchter versucht, die Farbe der Fische, ihre Flossenform und den Körperbau durch Auslese (→ Seite 47) zu verändern. Es werden Zuchtformen entwickelt, die in der Natur nicht vorkommen. Mehr dazu im Kapitel »Bekannte Zuchtformen« ab Seite 44.

Auswahl der Zuchtfische

Gleichgültig, nach welcher Art Sie züchten möchten, in jedem Fall sind einige Grundregeln für die Auswahl der Zuchtfische zu beachten.
Nur gesunde Fische auswählen! Fische mit deutlich sichtbarer Krankheit wie etwa einer verkrümmten Wirbelsäule oder fehlerhaften Flossen sind nicht für die Zucht geeignet. Auch Fische mit zu schlankem Körper (→ Tuberkulose, Seite 37) sollten nicht zur Zucht verwendet werden.
Alter der Fische beachten! Das ideale Zuchtalter liegt bei den Lebendgebärenden – je nach Art – zwischen 1 und 2 Jahren. Sie können zwar auch

schon mit jungen Fischen züchten, sobald sie geschlechtsreif sind (je nach Art zwischen 3 und 9 Monaten). Allerdings ist die Anzahl der Jungen pro Wurf bei ihnen viel geringer als bei ausgewachsenen Fischen. Außerdem kann man halbwüchsigen Lebendgebärenden meist noch nicht ansehen, ob sie auch die Größe und Körpergestalt erreichen, wie Sie sie erwarten.
Mein Tip: Kaufen Sie sich 6 bis 8 Jungtiere und ziehen Sie sie auf. Die besten Fische behalten Sie für die Zucht, die anderen geben Sie ab.

Zuchtmethode. Wer viele Jungfische gleichzeitig aufziehen möchte, läßt mehrere Weibchen hintereinander in dieser Netzkonstruktion werfen. Die Jungen fallen nach der Geburt durch die Netzmaschen in das Aufzuchtbecken.

Die Zucht im Gesellschafts- und Artaquarium

Die meisten Lebendgebärenden können durchaus im Gesellschafts- oder Artaquarium gezüchtet werden. Voraussetzung dafür ist, daß es sich nicht um Lebendgebärende handelt, die ihre Jungen sofort nach der Geburt fressen (→ Pflegeanleitungen, Seite 56), und daß im Becken keine räuberisch lebenden Fische vergesellschaftet wurden.

Lebendgebärende züchten

<u>Zum Problem</u> wird allerdings oft die Fütterung der Jungtiere in den ersten Lebenstagen mit genügend kleinem Lebendfutter. Zwar findet sich in jedem alteingerichteten Becken ausreichend Futter für eine geringe Anzahl von Jungfischen, doch wenn Sie möglichst viele Jungfische aufziehen möchten, reicht das Nahrungsangebot nicht aus. Andererseits ist es schwierig, gezielt zu füttern, denn die Jungfische verteilen sich nach der Geburt rasch im gesamten Becken. Das wiederum bedeutet, Sie müssen häufig füttern, damit alle Jungfische ausreichend Nahrung erhalten. Dadurch kann sich die Wasserqualität im Becken verschlechtern (→ Nitrit und Nitrat, Seite 23).

Ablaichkästen

Gezielt füttern und bis zu einer bestimmten Größe aufziehen lassen sich Jungfische in Ablaichkästen (aus dem Zoofachhandel). Diese Kästen werden in das Haltungsaquarium eingehängt.
<u>Einrichtung:</u> Geben Sie etwas Teichlebermoos (*Riccia*) auf die Wasseroberfläche. Das vermittelt den neugeborenen Jungen ein Schutzgefühl.
<u>Vorgehensweise:</u> Trächtiges Weibchen einsetzen (→ Seite 42). Die geborenen Jungen rutschen durch den Rost im Ablaichkasten und sind so gleichzeitig vor dem eventuell räuberischen Weibchen geschützt. Nach dem Werfen Weibchen ins Haltungsaquarium zurücksetzen und Rost enfernen.
<u>Nachteil:</u> Leider sind die im Zoofachhandel erhältlichen Ablaichkästen in der Regel viel zu klein. Sie haben meist nur eine Grundfläche von etwa 20 × 10 cm. Größere Arten der Lebendgebärenden wie etwa die Schwertträger verletzen sich in solch einem Kasten nicht selten Flossen oder Maul, weil sie ständig an die Kastenwände anstoßen. Es passiert auch, daß die Weibchen in eine Art Dauerstreß geraten und noch nicht lebensfähige Junge werfen.
Kleinere Arten der Lebendgebärenden werfen zwar problemlos, doch stellen sich hier die

Schwierigkeiten bei der Aufzucht ein. Ein Wurf besteht oft aus 30 bis 50 Jungfischen. In den kleinen Kästen wird es den Jungen bald zu eng. Sie wachsen nicht richtig und kümmern.
Mein Tip: Mit etwas handwerklichem Geschick können Sie einen Ablaichkasten nach handelsüblichem Vorbild selbst bauen. Die Grundfläche sollte mindestens 30 × 20 cm betragen, die Höhe 15 cm. Das Haltungsaquarium muß etwa dreimal so groß sein.

Das Zuchtaquarium

Sowohl für das Werfen als auch für die Aufzucht der Jungen halte ich die Anschaffung eines Zuchtaquariums für empfehlenswert.
<u>Größe:</u> Für kleine Arten bis 4 cm reicht ein 10 bis 20 l Becken aus. Größere Arten wie beispielsweise die Schwertträger können zwar in einem 20 l-Becken werfen, für die Aufzucht der Jungen empfiehlt sich jedoch ein Becken von mindestens 80 l Inhalt.
<u>Einrichtung:</u> Buschige Aquarienpflanzen wie zum Beispiel Nixkraut (*Najas indica*) oder Javafarn (*Microsorium pteropus*) in das Becken einbringen. Auf diese Weise wird die Bewegungsfreiheit des Weibchens ein wenig eingeschränkt, und die Jungen finden in den Pflanzen Schutz und erste Nahrung.
<u>Technische Ausstattung:</u> Wie Haltungsaquarium (→ Seite 15).
<u>Wasser:</u> Wasserwerte (→ Seite 22) wie im Haltungsaquarium. Vor allem kurz vor dem Wurf stehende Weibchen können empfindlich auf radikale Änderungen der Wasserwerte reagieren. Das Ergebnis sind oft totgeborene Junge.
<u>Vorgehensweise:</u> Weibchen etwa eine Woche vor dem Werfen (→ Seite 42) in das Zuchtaquarium setzen. Nach dem Werfen ins Haltungsaquarium zurücksetzen.

Lebendgebärende züchten

Eine rationelle Zuchtmethode

Wer gleichzeitig mehrere Arten von Lebendgebärenden werfen lassen oder viele Jungfische aufziehen möchte (→ Kreuzungen, Seite 43), kann folgende platz- und kostensparende Zuchtmethode ausprobieren:
Geeignet sind Becken ab 100 l Inhalt. Befestigen Sie ein Netz (→ Zeichnung, Seite 40) im Aquarium oder basteln Sie sich eine Röhre aus kunststoffummanteltem Maschendraht. Die Seitennaht der Röhre wird am besten mit einem starken naturfarbenen Faden zugenäht. Die Röhre soll einen Durchmesser von etwa 10–20 cm haben. Sie wird auf den Bodengrund des Aquariums gestellt und muß knapp über die Höhe des Wasserspiegels hinausragen. Wichtig ist es, daß das Weibchen nicht mit den Kiemen durch die Maschen des Netzes beziehungsweise des Drahtes stoßen kann. Deshalb ist eine Maschenweite von etwa 2–5 mm angebracht. Setzen Sie trächtige Weibchen etwa eine Woche vor dem Werfen nacheinander oder – wenn Netz oder Röhre groß genug sind – mehrere Weibchen gleichzeitig ein.Vergessen Sie nicht, Netz und Röhre abzudecken, denn viele Lebendgebärende sind ausgezeichnete Springer. Die Jungen schwimmen durch die Maschen hindurch und sind so vor den Nachstellungen des Weibchens sicher. Nach dem Werfen Weibchen in das Haltungsbecken zurücksetzen.
Ein neues Zuchtbecken brauchen Sie erst, wenn die Zahl der Jungen zu groß wird oder ältere Jungfische Neugeborene fressen könnten.

Der richtige Zeitpunkt zum Absetzen der Weibchen

Wenn Sie für die Zucht Ablaichkästen oder Zuchtaquarien verwenden, sollte das Weibchen etwa eine Woche vor dem Werfen aus dem Haltungsbecken herausgefangen und in den Zuchtbehälter eingesetzt werden. Doch wie läßt sich der richtige Zeitpunkt feststellen?

Die Trächtigkeitsdauer beträgt bei ausgewachsenen Weibchen und optimalen Haltungsbedingungen etwa 4 Wochen. Nach dem Werfen kann ein Weibchen sofort wieder befruchtet werden. Dieses Wurfintervall kann aber auch variieren. Der kürzeste Abstand zwischen 2 Würfen liegt bei 3 Wochen. Wenn die Haltungsbedingungen nicht optimal sind, kann es auch bis zu 5 Monaten dauern. Angaben zu den Wurfabständen finden Sie in den Pflegeanleitungen ab Seite 56.
Ob ein Weibchen trächtig ist, läßt sich am besten vor der Fütterung erkennen, denn trächtige Weibchen sind auch vor dem Füttern deutlich dicker als nichtträchtige. Bei vielen Arten erkennen Sie auch die Trächtigkeit am Trächtigkeitsfleck (→ Seite 11). Kurz vor dem Werfen schimmern oft schon die Augen der Jungen silbrig durch den Trächtigkeitsfleck. Damit ist auch der richtige Zeitpunkt zum Umsetzen in den Zuchtbehälter gekommen. Bei einigen Arten wie zum Beispiel den Mollys ist es recht schwierig, genau festzustellen, wann der Wurftermin ansteht. Entweder zeigen sie keinen ausgeprägten Trächtigkeitsfleck oder aber sie werden vor dem Werfen nicht besonders dick. Hier hilft nur genaue Beobachtung. Warten Sie ab, bis das Weibchen geworfen hat. Danach ist es auf jeden Fall dünner als vorher. Wird es dann wieder etwas dicker, ist es sicherlich erneut befruchtet und kann entsprechend früh in den Zuchtbehälter abgesetzt werden. Eine Ausnahme bilden einige wenige Arten wie zum Beispiel der Zwergkärpfling (→ Seite 59). Bei dieser Art werden die Jungen nicht auf einmal abgesetzt, sondern über einen Zeitraum von bis zu mehreren Wochen. Sie werfen nur ein bis fünf Junge pro Tag. Diese Erscheinung wird als Superfötation bezeichnet.
Mein Tip: Wenn ein Weibchen nicht wirft, obwohl der Leibesumfang für einen baldigen Wurftermin spricht, hilft oft eine Erhöhung der Wassertemperatur um etwa 2°C.

Lebendgebärende züchten

So vermeiden Sie unerwünschte Kreuzungen

Bei der Hochzucht (→ Seite 44) ist es gelegentlich notwendig, absichtlich Kreuzungen zwischen zwei verschiedenen Arten herbeizuführen, um ein gewünschtes Zuchtziel zu erreichen. Anders ist es jedoch bei den Wildformen. Hier sind Kreuzungen auf keinen Fall erwünscht. Leider kreuzen gelegentlich Vertreter verschiedener Arten untereinander, auch wenn der richtige Partner im selben Becken schwimmt. Um ungewollte Kreuzungen zu vermeiden, ist daher zu beachten:
• In einem Becken nur Vertreter verschiedener Gattungen pflegen.
• Jungfische von verschiedenen Arten der gleichen Gattung nur zusammensetzen, wenn Sie die Fische vor dem Erreichen der Geschlechtsreife sicher unterscheiden können. Verzichten Sie besser ganz darauf.
• Wenn es doch einmal zu einer Kreuzung kommt, die Jungen nicht aufziehen.

Inzucht

Während bei anderen Fischen die Inzucht ein wirkliches Problem für die erfolgreiche Nachzucht darstellt, ist dies bei Lebendgebärenden in der Regel nicht der Fall. Bei der Hochzucht ist es teilweise sogar notwendig, einen Stamm über mehrere Generationen in Inzucht zu züchten, um das gewünschte Zuchtziel zu erreichen. Trotzdem sollten Sie Ihre Nachzuchten genau auf Inzuchterscheinungen hin beobachten, vor allem, wenn die Fische seit mehr als drei Generationen nur mit nahe verwandten Artgenossen gepaart wurden. Mögliche Inzuchterscheinungen sind:
• Körperliche Mißbildungen, zum Beispiel Wirbelsäulenverkrümmungen und Kopfdeformationen.
• Mehr als ein Zehntel der Jungen sind Totgeburten.
• Ausbleibende Würfe, obwohl die Haltungsbedingungen optimal sind.
• Die Anzahl der Jungen ist ständig kleiner als üblich (→ Pflegeanleitungen, Seite 56).
• Jungfische werden trotz optimaler Haltung und Fütterung nicht so groß wie die Elterntiere.
• Die Fische sterben fast alle sehr früh, oft schon kurz nach Erreichen der Geschlechtsreife. Vor allem, wenn mehrere dieser Erscheinungen gleichzeitig beobachtet werden, kann es sich um Inzuchtschäden handeln. Es bleiben dann nur zwei Möglichkeiten. Entweder verzichten Sie auf die weitere Zucht mit diesem Stamm oder Sie kreuzen artgleiche beziehungsweise dem gewünschten Zuchtziel nahestehende Fische in den Stamm ein.

Die Aufzucht der Jungfische

Fast immer sind die Jungen der Lebendgebärenden leicht aufzuziehen. Damit aus ihnen aber gesunde Fische werden, mit denen erfolgreich weitergezüchtet werden kann, müssen einige Grundregeln beachtet werden.
• Jungfische brauchen beste Haltungsbedingungen. Sie sind empfindlicher als erwachsene Fische. Schäden zum Beispiel durch fehlerhafte Fütterung sind später nicht mehr zu beheben.
Mein Tip: Bei der Aufzucht von Jungfischen wöchentlich ein Viertel des Beckenwassers wechseln, bei Bedarf auch häufiger.
• Jungfische brauchen häufig Futter. Das absolute Minimum ist die einmalige tägliche Fütterung. Wer über ausreichend Zeit verfügt, kann bis zu sechsmal täglich füttern.
Wichtig: Auch hier gilt: Nur soviel füttern, wie innerhalb einer Viertelstunde gefressen wird. Jungfische sind empfindlich gegen Wassertrübungen, die besonders durch zuviel Futter gefördert werden.
• Artgerecht füttern! Die meisten Jungfische brauchen zumindest einmal wöchentlich Lebendfutter (→ Pflegeanleitungen, Seite 56).

Bekannte Zuchtformen

Was ist Hochzucht?

Jeder kennt die berühmten Schleierschwanz-Guppys. Fische, die solch lange Flossen haben, kommen in der Natur nicht vor. Sie sind durch langjährige Auslese und züchterische Arbeit in Menschenhand entstanden. Diese züchterische Leistung wird als Hochzucht bezeichnet. Die dabei entstandenen Fische sind Zuchtformen. Drei Kriterien sind für die Hochzucht von entscheidender Bedeutung: die Flossenform, die Farbe des Schuppenkleids und die Körperform. Das Zuchtziel wird vor Beginn der Zucht festgelegt.

Welche Lebendgebärenden für die Hochzucht geeignet sind

Nicht alle Fischarten eignen sich für die Hochzucht. Es kommen vor allem Arten in Frage, bei denen man natürlicherweise häufig Abweichungen von der Normalform findet. Das bedeutet, daß die Nachkommen einer Art nicht immer genau gleich ausschauen, sondern bereits Varianten in Flossenform, Farbe oder Körperform auftreten. Während andere Fischarten Hunderte von Generationen benötigen, um ein Merkmal, beispielsweise die Farbe, auf natürliche Weise zu verändern, kann dies bei den Lebendgebärenden schon innerhalb weniger Generationen geschehen.
Sieben Arten von Lebendgebärenden aus zwei Gattungen sind es, die sich vor allem für die Hochzucht eignen: Guppy (*Poecilia reticulata*), Molly (*Poecilia sphenops, P. latipinna* und *P. velifera*), Schwertträger (*Xiphophorus helleri*) und Platy (*Xiphophorus maculatus* und *X. variatus*).

Grundlagen der Vererbungslehre

Wer Hochzucht betreiben möchte, muß sich mit einigen Grundlagen der Vererbungslehre vertraut machen. Diese hier im Detail zu erörtern, würde zu weit führen. Bitte informieren

Sie sich in der Fachliteratur (→ Seite 72) oder wenden Sie sich an die Deutsche Gesellschaft für Lebendgebärende Zahnkarpfen e. V. beziehungsweise an die Deutsche Guppy Föderation e. V. (→ Adressen, die weiterhelfen, Seite 72).
Das Aussehen des Fisches wird durch seine Erbanlagen oder Gene bestimmt. Bei der Hochzucht versucht der Züchter herauszufinden, wo im Chromosomensatz das Gen (= Erbinformation) sitzt.
Am einfachsten ist es, wenn ein Vererbungsgang dominant ist. Dies bedeutet, daß die gewünschte Eigenschaft über andere vorherrscht und schon in der ersten Nachzuchtgeneration zu sehen ist. Beispiele dafür sind die Pinselflossen der Platys (→ Seite 53) oder die Lyraflossen der Schwertträger (→ Zeichnung, Seite 15). Wird beispielsweise eine Platy-Wildform mit einem Pinselflossen-Platy gekreuzt, haben 50% der Nachkommen ebenfalls Pinselflossen. Schwieriger wird es, wenn ein Vererbungsgang rezessiv, also verdeckt ist. Hier muß sich im einfachsten Fall erst ein Paar finden, das dieses Merkmal verdeckt trägt. 25% der Nachkommen werden dann die gewünschte Eigenschaft zeigen. Mit diesen Nachkommen kann natürlich besser weitergezüchtet werden. Aber schon das Einkreuzen eines dominanten, überdeckenden Gens kann das Erscheinungsbild und damit den Zuchterfolg für die nächste Generation verschwinden lassen.
Leider sind längst nicht alle Vererbungsgänge so einfach zu erklären. Um einen Überblick zu bekommen, hilft meist nur ein intensives Beschäftigen mit der Vererbungslehre.

Vieraugenfisch.
Der Vieraugenfisch *(Anableps anableps)* kann mit Hilfe seiner eingeschnürten Augen gleichzeitig über und unter Wasser sehen. Deutlich sind die Zähnchen auf der Ober- und Unterlippe zu erkennen.

Bekannte Zuchtformen

Sie können zwar auch durch Ausprobieren einem Vererbungsgang auf die Spur kommen. Es gibt jedoch oft zuviele Kombinationsmöglichkeiten. Sie müßten außerdem alle Fische bis in die zweite oder dritte Generation aufziehen, um zu sehen, ob sie Träger des gewünschten Erbgutes sind. Das ist eine zeitraubende und auch aquarienfüllende Aufgabe.

Auswahl der Hochzuchtfische

Bei der Auswahl der Zuchtfische müssen Sie neben den allgemeinen Kriterien (→ Seite 40) auch noch andere Aspekte berücksichtigen. Am einfachsten ist es, wenn Sie bereits ein oder mehrere Paare bekommen, die alle von Ihnen gewünschten Merkmale haben. Dann brauchen Sie nur noch eine Auslesezucht (→ unten) zu betreiben.

Geeignete Zuchtstämme (mindestens ein Paar) gibt es oft schon im Zoofachhandel, aber auch bei der Deutschen Gesellschaft für Lebendgebärende Zahnkarpfen e. V. und der Deutschen Guppy Föderation e. V. (→ Adressen, Seite 72). Vor allem bei Guppys ist die Beschaffung des Zuchtstammes nicht ganz unproblematisch. Einige Züchter geben nur Männchen ab. Hier müssen Sie nun versuchen, möglichst Weibchen aus einem ähnlichen Stamm zu bekommen. Leider können Sie den Guppyweibchen nicht ansehen, ob sie wirklich zum gewünschten Stamm gehören. Zwar unterscheiden sich die Weibchen langflossiger Formen von den Kurzflossern durch eine größere und farbige Schwanzflosse, mehr ist aber oft nicht zu erkennen.

◁ Lebendgebärende Zahnkarpfen und Hochlandkärpflinge.
Oben: Guatemalakärpflinge *(Phallichthys amates)* 1. Unten links: Der Banderolenkärpfling *(Xenotoca eiseni)* gehört zur Familie der Hochlandkärpflinge (Goodeidae). Unten rechts: Männchen des Ameca-Kärpflings *(Ameca splendens)*, ebenfalls ein Hochlandkärpfling.

Besonderheiten der Zucht

Bei der Hochzucht genügt es nicht, einfach die Elterntiere zusammenzusetzen, die Jungfische aufzuziehen und dann auf ein gutes Ergebnis zu hoffen. Optimale Haltungsbedingungen, strenge Auslese und Kenntnis der Vererbungslehre sind notwendige Voraussetzungen.

Die Auslese ist einer der wesentlichen Punkte, die die Hochzucht von der Vermehrungszucht unterscheidet. Um ein bestimmtes Zuchtziel zu erreichen, müssen Sie an die Nachzucht strengste Maßstäbe anlegen und alles verwerfen, was nicht dem gewünschten Ziel entspricht. Im einzelnen gilt bei der Hochzucht:

• Alle Jungfische solange aufziehen, bis sie mindestens halbwüchsig sind und ihr späteres Aussehen deutlich erkennbar ist.

• Auch wenn die gewünschten Merkmale bei einem Jungfisch zu erkennen sind, dieser aber andere Mängel wie beispielsweise Kleinwuchs oder körperliche Mängel aufweist, verbietet sich die Weiterzucht mit diesem Fisch.

• Achten Sie besonders auf die Vitalität der Zuchtfische und deren Nachkommen. Leider werden immer wieder Fische gezüchtet, die sich zum Beispiel durch zu starken Flossenbehang kaum noch bewegen können. Behalten Sie immer im Gedächtnis, daß Sie ein Lebewesen pflegen. Auch bei der Hochzucht sollten Auswüchse vermieden werden.

Mein Tip: Fische mit körperlichen Mängeln am besten abtöten (→ Seite 39) oder verfüttern. Viele Züchter halten sich nebenbei eine Fischart, die sich nur von lebenden Fischen ernährt wie zum Beispiel der Hechtkärpfling (→ Seite 57). Gesunde Fische, die nicht ihrem Zuchtideal entsprechen, können Sie vielleicht an einen Zoofachhändler verkaufen und damit einen Teil der Kosten Ihres Hobbies decken.

Bekannte Zuchtformen

Die beliebtesten Zuchtformen

Das Thema Hochzucht und die Beschreibung der Zuchtformen ist so umfangreich, daß damit ein eigenes Buch gefüllt werden könnte.

Deshalb beschränke ich mich auf die Vorstellung der wichtigsten und bekanntesten Zuchtformen.

Die Wege, wie diese Zuchtformen zustande kamen, können Sie in den Veröffentlichungen der Vereinigungen nachlesen, die sich speziell mit der Hochzucht beschäftigen (→ Adressen, die weiterhelfen, Seite 72).

Der Guppy

Die verschiedenen Zuchtformen der Guppys gehören zu den beliebtesten und bekanntesten Pfleglingen der Aquarianer.

Die Guppyzüchter Europas haben sich zusammengeschlossen und einen gemeinsamen Standard für die Guppy-Hochzucht festgelegt. In diesem Standard sind die Zuchtziele wie beispielsweise Schwanzformen festgelegt. Der Standard fordert übrigens eine Länge des Fisches von 26 mm (ohne Schwanz).

Schwanzformen: Zwölf verschiedene Schwanz-

Flossen- und Schwanzformen des Guppys

Fahnenschwanz

Leierschwanz

Nadelschwanz

Schleierschwanz

Doppelschwert

Rundschwanz

Fächerschwanz

Unterschwert

Speerschwanz

Triangelschwanz

Oberschwert

Spatenschwanz

Der festgelegte Standard der Guppyzüchter Europas läßt zwölf verschiedene Schwanzformen zu.

Bekannte Zuchtformen

formen läßt der Standard zu. Es wird zwischen kurz- und langflossigen Guppys unterschieden. Die kurzflossigen können direkt aus dem Wildtyp abgeleitet werden. Auch in der Natur kommen Guppys mit verschieden geformten, kleinen Schwanzflossen vor. So entstand bei der Hochzucht beispielsweise der Rundschwanz-guppy (→ Zeichnung, Seite 48).

Als aber 1954 der amerikanische Züchter Paul Hähnel das erste langflossige Guppy-Männchen mit schleierförmiger Schwanzflosse auf einer Ausstellung präsentierte, war dies eine Sensation. Vor allem die Südostasiaten gingen sehr schnell zur erfolgreichen Zucht dieser Mutation über und belieferten den Weltmarkt jahrelang mit ausgezeichneten Fischen. Heute sind südostasiatische Guppys nur noch ein schwaches Abbild früherer Nachzuchten. Das mag daran liegen, daß die Fische in Brackwasser gehalten und zur Krankheitsvorbeugung mit Antibiotika oder anderen Medikamenten behandelt werden. Das schwächt offenbar ihre Widerstandkraft dermaßen, daß viele Import-Guppys in normalen Aquarien sehr schnell sterben.

Mein Tip: Im Zoofachhandel werden vor allem Männchen mit großem Schleierschwanz angeboten. Leider ist der Schwanz bei einigen Fischen so stark entwickelt, daß sie gar nicht mehr richtig schwimmen können und der Schwanz nach unten herabhängt. Mit diesen Fischen sollte meiner Meinung nach nicht mehr gezüchtet werden, denn diese Männchen sind kaum noch in der Lage, richtig zu balzen und die Weibchen zu befruchten.

Grund- und Deckfarben: Neben der Flossenform spielt auch die Farbe der Fische eine große Rolle.

Der Guppy hat zum einen eine Grundfarbe, während die schillernden und bunten Farben, die uns so auffallen, die Deckfarben sind. Die wichtigsten Grundfarben des Guppys sind: Wildfarben, Albino, Blond und Blau.

• Wildfarbene Guppys haben die gleiche graue oder grünlich-olivfarbene Grundfarbe wie ihre Artgenossen in der Natur. Diese Farbe zeigen die meisten der bei uns gezüchteten und verkauften Guppys.

• Albinos fehlt der schwarze Farbstoff auf dem Körper. Der Körper ist hell, die Augen sind rot. Im Gegensatz zu vielen anderen Albinos, bei denen der Körper fleischfarben ist, können männliche Guppy-Albinos verschiedene helle Deckfarben zum Beispiel rot, weiß oder creme zeigen.

• Blonde Guppys haben ebenfalls einen hellen Körper. Jedoch sind bei ihnen die schwarzen Pigmente auf dem Körper nur sehr stark reduziert. Sie haben dunkle Augen. Die Männchen können dunklere Deckfarben als die Albinos zeigen. Blonde Guppys werden bei uns häufig gehalten und angeboten.

• Blauen Guppys fehlen die Gelb- und Rottöne, deswegen schimmern sie bläulich. Sie sind sehr selten, da sie schwer von den wildfarbenen zu unterscheiden sind.

• Durch Kombination dieser Farben können weitere Grundfarben erzeugt werden.

Als Deckfarbe kommen fast alle erdenklichen Farben in Frage. Versierte Züchter schaffen es auch immer wieder, durch Kombination neue Deckfarben zu präsentieren.

Den beliebtesten Deckfarbenmustern wurden Namen gegeben wie etwa Snakeskin (Schlangenhaut) für einen stark durchgemusterten Typ, Teppichmuster oder Wiener Smaragd (hier ist der Entstehungsort »Wien« mit angegeben).

Bekannte Zuchtformen

10 Tips für die Guppy-Hochzucht

1. Beschaffen Sie sich mehrere Guppy-Paare, die die gewünschten Merkmale zeigen (→ Seite 47). Weibchen der kurzflossigen Guppys haben im Gegensatz zu denen der langflossigen keine Zeichnung in der Schwanzflosse. Die Schwanzflossen der langflossigen Weibchen sind größer und farbig.

2. Anfänger in der Guppy-Hochzucht sollten sich zunächst einen Stamm erbfest aufbauen. Das bedeutet, alle Männchen, die aus diesem Stamm hervorgehen, zeigen über mehrere Generationen hinweg den gewünschten Standard. Beispiel: Der gewünschte Standard ist ein wildfarbener Schleierschwanzguppy mit weißer Deckfarbe. Sehen die Männchen über mehrere Generationen so aus und sind die Nachkommen gesund, ist der Stamm erbfest. Übrigens, an den Weibchen kann man den Standard nicht erkennen, deshalb gilt das Hauptaugenmerk den Männchen.

3. Um einen Stamm erbfest aufzubauen, benötigen Sie etwa sieben Becken. Bei guter Pflege reichen Aquarien ab 25 l Inhalt aus.

4. Wenn Sie die Zucht mit einem Paar beginnen, muß das Weibchen schon beim ersten Wurf in ein separates Aquarium abgesetzt werden (→ Seite 42).

5. Nach dem Werfen Weibchen sofort in das Haltungsbecken zurücksetzen.

6. Ziehen Sie die Jungen mit *Artemia*-Nauplien auf.

7. Die Jungen müssen im Alter von vier Wochen – wenn sie noch nicht geschlechtsreif sind – getrennt werden. Schließlich sollen ja nur Männchen, die Ihrem Zuchtziel am weitesten entsprechen, zur weiteren Zucht verwendet werden. Die Trennung nach Geschlechtern gelingt nur mit einiger Übung. Achten Sie auf die ersten Flossenstrahlen der Afterflosse. Sie bilden sich später zum Gonopodium aus und sind jetzt schon etwas dicker als die übrigen Flossenstrahlen.

8. Zeigen sich bei Ihrem Stamm Inzuchtschäden (→ Seite 43), müssen Sie einen zweiten Stamm aufbauen und die Fische immer wieder einmal untereinander austauschen. Erfahrene Guppy-Züchter bauen sich aus diesem Grund meist von Anfang an zwei gleiche Stämme auf. Das parallele Aufbauen identischer Zuchtstämme wird Linienzucht genannt. Für die Linienzucht benötigen Sie mindestens 14 Aquarien.

9. Verzetteln Sie sich nicht! Es ist immer besser, einen Stamm richtig zu pflegen, als mit zehn Stämmen zu keinem brauchbaren Resultat zu kommen.

10. Anfänger sollten sich unbedingt den Rat eines erfahrenen Züchters einholen.

Der Schwertträger

Ähnlich wie beim Guppy kommen auch beim Schwertträger schon in der Natur eine Vielzahl von Mutationen vor, die zu einer großen Zahl von Zuchtformen führte.

Drei verschiedene Typen werden im Standard unterschieden: Der Normalflosser, der Hochflosser und der Lyraflosser.

Normalflosser: Er zeigt dieselbe Flossenform wie die Wildform.

Hochflosser: Nur die Rückenflosse wurde durch Zucht verändert. Sie ist entweder fahnen- oder schleierförmig.

Lyraflosser: Bei dieser Flossenform sind die äußeren beziehungsweise die ersten Strahlen aller Flossen doppelt so lang wie der übrige Teil der Flossen. Die Schwanzflosse zeigt das Bild eines Doppelschwerts. Dieser Schwertträger wird auch als Drachenschwertträger bezeichnet. Leider sind auch die ersten Flossenstrahlen des Gonopodiums der Männchen fast immer so stark verlängert, daß diese die Befruchtungsfähigkeit verloren haben. Die Lyraflossigkeit ist dominant.

Grund- und Deckfarbe: Die wesentlichen Grundfarben sind die gleichen wie beim Guppy (→ Seite 49). Lediglich die blaue Grundfarbe kommt nur beim Guppy vor. Die Wildfarbe wird bei den Schwertträgern auch als grün bezeichnet. Die verschiedenen Farben der Schwertträger sind fast alle durch Kreuzung der Arten miteinander und anschließende Rückzüchtung auf den Ausgangstyp zustande gekommen.

Die Deckfarbe ist bei den Schwertträgern nicht so variabel wie bei den Guppys. Neben den schwarzen Zeichnungsmustern ist die rote Deckfarbe besonders häufig. In den letzten Jahren wurden aber auch viele Schwertträger mit orangen Farbtönen angeboten. Sie werden als Neon- oder Ananasschwertträger bezeichnet.

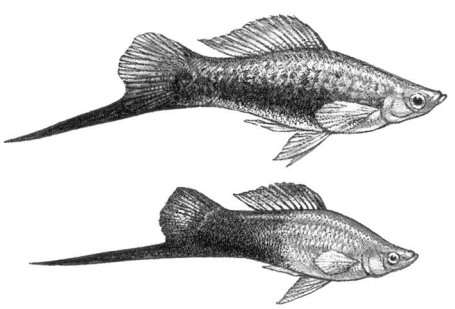

Zuchtformen des Schwertträgers. Die Frankfurter Kreuzung (oben) und die Berliner Kreuzung (unten) sehen sehr attraktiv aus.

Zuchtformen des Schwertträgers

Die beliebtesten Zuchtform-Varianten des Schwertträgers haben die Namen der Städte erhalten, in denen sie zuerst gezüchtet wurden.

Berliner Kreuzung (→ Zeichnung, links): Roter Schwertträger mit schwarzen Flecken. Werden allerdings Berliner Schwertträger untereinander gekreuzt, kommt es meist zu Melanomwucherungen (»Farbkrebs«). Diese Fische sind für die weitere Zucht ungeeignet. Zum Weiterzüchten verwendet man einen Roten Schwertträger mit schwarzen Flecken und einen einfachen Roten Schwertträger.

Frankfurter Kreuzung (→ Zeichnung, links): Die vordere Hälfte des Fisches ist rot, die hintere, scharf abgegrenzt, schwarz.

Hamburger Kreuzung (→ Zeichnung, Seite 23): Die Flossen sind gelblich, der Körper dagegen möglichst vollständig schwarz. Auf den Körperseiten liegen metallisch grünlich oder bläulich schimmernde Glanzschuppen.

Wiesbadener Kreuzung: Auf den Körperseiten, bis in die Schwanzflosse hinein, sind diese Fische schwarz mit Glanzschuppen. Rücken und Bauch haben eine grüne oder rote Färbung.

Grüner Schwertträger: Der Körper ist grün, das seitliche Zickzackband rot.

Roter Schwertträger: Beim roten Schwertträger liegt die dunkelrote Deckfarbe über einer roten Grundfarbe. Die Fische sind (bis auf das Schwert der Männchen) vollkommen rot. Beim seltenen roten Albino sind sogar die Augen und das Schwert der Männchen rot.

Wichtige Schwarzzeichnungen: Das Wagtail- und das Tuxedo-Muster sind bekannte Schwarzzeichnungen. Bei der Tuxedo-Zeichnung sind die Körperseiten (ohne die Schwanzflosse) zu etwa $2/3$ rein schwarz, ohne Glanzschuppen. Bei der Wagtailzeichnung sind alle Flossen (außer Bauch- und Afterflossen) satt schwarz. Weiterhin gibt es dieselben Schwarzzeichnungen wie beim Maculatus-Platy (→ Zeichnung, Seite 53).

10 Tips für die Schwertträger-Hochzucht

1. Im Zoofachhandel bekommen Sie häufig recht schöne Paare, die farblich zusammenpassen müssen.

2. Weibchen haben die gleiche Flossenform wie die Männchen und müssen auch gleich gezeichnet sein. Allerdings ist das Schwert der Männchen fast immer schwarz umrandet.

3. Bauen Sie sich zunächst einen Zuchtstamm erbfest auf (→ Seite 50). Wer sich ein Schwertträger-Paar gekauft hat, weiß nicht, welche Erbanlagen die Fische in sich tragen. Sie dürfen sich deshalb nicht wundern, wenn in der Nachzucht auch Junge dabei sind, die den Eltern überhaupt nicht ähneln. Durch strenge Auslese läßt sich das Zuchtziel dennoch erreichen.

4. Sie benötigen für die Zucht große Becken ab 80 l Inhalt.

5. In gut bepflanzten Artbecken (→ Seite 12) muß das Weibchen nicht unbedingt vor dem Werfen isoliert werden. Wollen Sie jedoch rationell züchten, ist es ratsam, daß Weibchen in einem Zuchtaquarium ablaichen zu lassen.

6. Wachsen mehrere junge Männchen innerhalb eines Schwarmes auf, wird eine Rangordnung ausgebildet. Das stärkste Männchen bildet zuerst sein Schwert aus. Die Schwertentwicklung der anderen Männchen bleibt zunächst zurück. Also seien Sie nicht enttäuscht, wenn von 10 Männchen nur eines besonders schön ist. Wird das stärkste Männchen entnommen, bildet das nächststärkere das größte Schwert aus.

7. Männchen bekämpfen sich untereinander sehr stark, deshalb dürfen entweder nur eines oder mindestens etwa fünf gleichstarke Männchen in einem Becken gehalten werden.

8. Wenn Sie Weibchen und Männchen, die überflüssig sind oder nicht ins Zuchtkonzept passen, immer wieder abgeben, können Sie schon mit einem Becken Hochzucht betreiben.

9. Einige Männchen bilden schon sehr früh ein Gonopodium sowie das Schwert aus. Sie bleiben zeitlebens klein und schlank. Andere sehen zunächst wie Weibchen aus und entwickeln sich erst ausgewachsen zum Männchen. Sie haben im Verhältnis zur Körpergröße zwar meist ein kleines Schwert, sind dafür aber viel kräftiger. Ich bevorzuge diese Spätmännchen für die Weiterzucht. Sie sind weniger anfällig für Krankheiten und haben oft auch schönere Farben.

10. Um Lyraflosser zu züchten, müssen Sie ein normalflossiges Männchen mit einem lyraflossigen Weibchen kreuzen. Sie erhalten dann in der Nachzucht 50% Lyraflosser.

Platys

Bei den Platys wird, den Wildformen entsprechend (→ Pflegeanleitungen für beliebte Lebendgebärende, Seite 56), zwischen Maculatus- und Variatus-Platys unterschieden.

Maculatus-Platys

Der festgelegte Standard für Maculatus-Platys besagt, daß die Körperform besonders hoch sein soll und ein Schwertansatz nicht erkennbar sein darf. Die Männchen erreichen eine Länge von 4 cm, die Weibchen werden 6 cm lang.

Mein Tip: Besonders große Platys lassen darauf

schließen, daß vor wenigen Generationen Schwertträger eingekreuzt wurden und der Stamm noch nicht richtig durchgezüchtet ist. Hier ist beim Kauf also Vorsicht geboten.

Flossenformen: Bei den Platys sind fast nur Hochflosser bekannt, wobei zwischen der fahnenartigen und der viertelkreisförmigen Rückenflosse unterschieden wird. Eine besondere Zuchtform sind die Pinselschwanzplatys. Bei ihnen sind die mittleren Schwanzflossenstrahlen zu einer Spitze ausgezogen. Der Pinselschwanz wird dominant vererbt.

Grund- und Deckfarben: Die Grundfarben entsprechen denen der Schwertträger (→ Seite 51). Die Deckfarben sind rot, blau, marigold und schwarz.

Zuchtformen des Maculatus-Platys

Bei den Platys wurden einige schwarze Zeichnungsmuster und Farbvarianten besonders bekannt (→ Zeichnung, rechts):

Komet: Oberer und unterer Rand der Schwanzflosse sind schwarz gefärbt.

Doppelpunkt: Am oberen und unteren Ansatz der Schwanzflosse befindet sich je ein kleiner Punkt.

Halbmond: Die Schwanzflosse ist durch einen Streifen vom Körper getrennt.

Mond: Auf dem Schwanzstiel liegt ein großer, schwarzer, runder Fleck.

Pfeffer und Salz: Der ganze Körper und die Flossen sind mit schwarzen Pünktchen übersät.

Blauspiegel: Die Grundfarbe ist grau, auf den Körperseiten liegen blaue Glanzschuppen.

Korallenplaty: Ihm fehlt ein Wirbel, deswegen ist er besonders hochrückig. Männchen und Weibchen sind dunkelrot.

Blutendes Herz-Platy: Das blonde Männchen hat eine rote Brust, von der aus rote Streifen den Körper heraufziehen. Die Weibchen haben nur angedeutete rote Körperstreifen.

Hinweis: Sehr verbreitet sind auch Tuxedo- und Wagtailzeichnungen (→ Seite 51).

Zuchtformen des Variatus-Platys

Der Variatus-Platy gehört zu den schwierigen Zuchtformen, weil diese Art sehr langsam wächst und daher erst spät gesehen werden kann, ob die Fische dem Zuchtziel entsprechen. Deshalb werden sie auch im Zoofachhandel teurer gehandelt als Maculatus-Platys. Für den Standard gilt das gleiche wie für Maculatus-Platys. Beide Geschlechter des Variatus-Platys werden bis zu 6 cm lang.

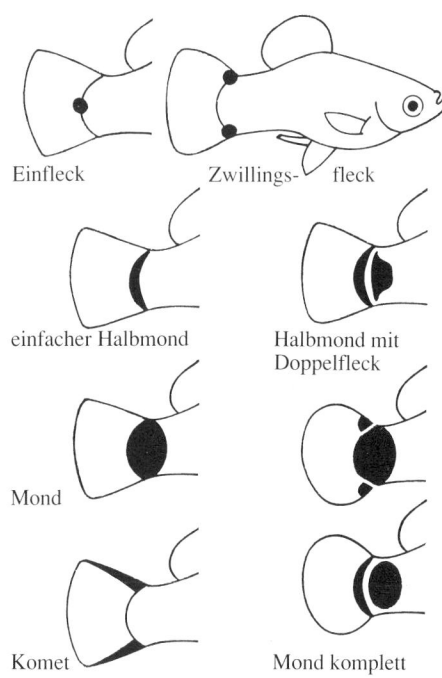

Einfleck   Zwillingsfleck

einfacher Halbmond   Halbmond mit Doppelfleck

Mond

Komet   Mond komplett

Zeichnungsmuster. Hier sind die bekanntesten schwarzen Zeichnungsmuster des Platys dargestellt.

Bekannte Zuchtformen

<u>Flossenformen:</u> Neben der Normalform sind nur Hochflosser bekannt. Männchen und Weibchen haben eine segelartige Rückenflosse, die vor allem beim Männchen kräftig gelb gefärbt ist.
<u>Grund- und Deckfarben:</u> Erstaunlicherweise ist beim Variatus-Platy bisher nur die Wildfarbe als Grundfarbe bekannt. Albinos oder goldene Formen gibt es nicht. Die Deckfarben sind blau, gelb, marigold (gelborange) und schwarz.
Die wichtigsten und bekanntesten Farbkombinationen sind:
<u>Papageienplaty:</u> Beide Geschlechter haben bläuliche Körperseiten, eine gelbe Rücken- und eine rote Schwanzflosse.
<u>Hawaii-Platy:</u> Der ganze Körper mit Ausnahme des Kopfes ist schwarz (ohne Glanzschuppen). Die Rückenflosse der Männchen ist gelb, die der Weibchen blasser, während die Schwanzflosse bei beiden kräftig rot ist.
<u>Marigold-Platy:</u> Rücken und Rückenflosse sind gelb, Bauch, untere Körperhälfte und Schwanzflosse sind orangefarben (nicht rot).
Mein Tip: Durch Kreuzungen von Platys und Schwertträgern lassen sich fast beliebige Kombinationen erzielen. Dem Anfänger rate ich aber dringend davon ab, herumzuexperimentieren. Es gehört viel Erfahrung dazu, aus dem Mischmasch einer Kreuzung einen reinen Stamm heranzuziehen. Mit etwas Erfahrung kann sich aber fast jeder Züchter seine eigene Zuchtform herauszüchten.

Die Platy-Hochzucht

Sowohl für die Zucht des Maculatus-Platys als auch für die Zucht des Variatus-Platys gilt grundsätzlich das gleiche wie für die Schwertträger-Hochzucht (→ Seite 50). Die Männchen der Platys sind allerdings untereinander friedlicher. Wegen der geringeren Körpergröße können auch die Becken kleiner sein.

Der Molly

Bei den Mollys werden zwei Grundtypen unterschieden: Mollys mit kleiner und Mollys mit großer Rückenflosse. Die Größe der Rückenflosse richtet sich nach den verschiedenen Ausgangstypen »sphenops«-Typ (Kleinflosser) und »latipinna«-Typ (Großflosser). Im Zoofachhandel ist aber überwiegend nur noch ein Mischtyp zwischen diesen beiden zu bekommen. Von diesen Mollys werden Weibchen und Männchen etwa 8 cm lang. Die Rückenflosse ist lang, aber nicht so groß wie beim »latipinna«-Typ.
<u>Weitere Flossenformen:</u> Neben diesen »normalen« Flossenformen wurden auch Mollys mit schleierförmigen Flossen gezüchtet. Bei erwachsenen Fischen sind die Flossen aber so lang, daß die Fische kaum noch schwimmen können. Weit häufiger finden sich die Lyratail-Formen, bei denen alle Flossen auf etwa das Doppelte vergrößert und die vorderen beziehungsweise äußeren Strahlen stärker verlängert sind. Eine Ausnahme bildet die Schwanzflosse, bei der nur die oberen und unteren Strahlen gabelartig verlängert sind. Schleier- und Lyraflossigkeit führt bei den Männchen wegen des überlangen Gonopodiums gelegentlich dazu, daß sie nicht mehr befruchten können. Die Flossenform wird dominant vererbt. Es kann mit einem normalflossigen Männchen und einem großflossigen Weibchen weitergezüchtet werden.
<u>Farben:</u> Die bekannteste Farbe ist sicherlich Schwarz. Dieser Fisch ist der sogenannte Black Molly. Schwarz gescheckte Mollys sind aus der Natur schon lange bekannt, obwohl sie dort selten sind. Die ersten rein schwarzen Fische vom Typ »sphenops« traten aber erst in den 30er Jahren in den USA auf. Von dort verbreiteten sie sich auch bis zu uns. Während allerdings bis etwa 1970 fast nur kurzflossige Black Mollys verkauft wurden, sind sie heute fast vollständig vom Kreuzungstyp abgelöst worden.

Bekannte Zuchtformen

10 Tips für die Molly-Hochzucht

1. Importierte Molly-Zuchtformen leiden überdurchschnittlich oft an Tuberkulose (→ Seite 37). Achten Sie also beim Kauf von Zuchtfischen besonders auf deren Gesundheitszustand.

2. Zuchtbecken müssen mindestens 80 l Inhalt fassen können. Für den »latipinna«-Typ sind 200 l-Aquarien angebracht. Nur in solch großen Aquarien entwickeln sich die Flossen richtig.

3. Wichtig ist eine gute Beleuchtung (→ Seite 19), damit sich Algen entwickeln. Sie sind die Lieblingsspeise der Mollys.

4. Die Wassertemperatur sollte für die Zucht 26 °C betragen.

5. Mollys stellen ihren Jungen kaum nach, deshalb ist eine Zucht im Artbecken möglich.

6. Um gesunde Tiere zu erhalten, ist eine intensive Wasserpflege (→ Seite 22) notwendig.

7. Bevor Sie durch Kreuzung weitere Formen entwickeln, achten Sie darauf, daß Sie reine Stämme haben.

8. In Weichwassergebieten sollten Sie Segelflossenkärpflingen (*Poecilia velifera*) etwas Salz ins Wasser geben.

9. Männchen vom »latipinna«-Typ (Großflosser) brauchen große Becken, damit sich ihre große Rückenflosse entwickeln kann.

10. Zeigen Sie Geduld! Mollys wachsen langsam.

Sehr selten gibt es die als Mitternachtsmollys bezeichneten Schwärzlinge des »latipinna«-Typs, bei denen die Rückenflosse zusätzlich rot abgesetzt ist.
Vor allem beim Segelflossenkärpfling (*Poecilia velifera*) gibt es häufig Albinos, auch bei der Zucht mit wildfarbenen, also grünen Elterntieren.
Eine der neueren Spielarten sind weiße Mollys. Diese Fische schimmern silbrigweiß. Ganz neu sind die goldenen Mollys, die goldgelb oder gelb und schwarz marmoriert sind.
Bei allen nichtschwarzen Farben sind auch Schecken bekannt. Sie haben unregelmäßige kleine schwarze Punkte über den ganzen Körper verteilt.
Eine besondere Farbform beim »sphenops«-Typ ist der Liberty-Molly. Die Männchen zeigen dabei blaue Körperseiten und eine außen rot gefärbte Schwanz- sowie Rückenflosse. Die Weibchen haben blassere Farben, vor allem in den Flossen. Der Liberty-Molly ist eine Weiterzucht aus ähnlich gefärbten Wildtieren.

Andere Zuchtformen

Auch von einigen anderen Lebendgebärenden gibt es heute Zuchtformen. Sie haben aber bis jetzt keine allzu große Bedeutung erlangt.
Vom Zwergkärpfling (*Heterandria formosa*, → Seite 59) sind besonders helle Fische bekannt. Bei ihnen fehlt der schwarze Seitenstreifen fast völlig. Es sind aber keine Albinos, denn sie haben schwarze Augen.
Vom Halbschnabelhechtkärpfling (*Dermogenys pusillus* → Seite 68) sind goldene und silberne Varianten bekannt.
Einen *Skiffia*-Mischling (→ Seite 67), der fast völlig schwarz ist, züchtete der Amerikaner Langhammer.

Pflegeanleitungen für Lebendgebärende

In dem nachfolgenden Steckbriefteil finden Sie eine Auswahl der wichtigsten und bekanntesten Vertreter dieser Fischgruppe mit genauen Pflegeanleitungen. Bei der Auswahl habe ich mich daran orientiert, welche der etwa 250 Arten zumindest gelegentlich auch im Zoofachhandel angeboten werden. Angaben zur Haltung und Zucht in den Pflegeanleitungen stammen zum überwiegenden Teil aus meiner langjährigen Aquarienpraxis.

Erläuterungen der Pflegeanleitungen

Der Steckbriefteil ist in vier Fischfamilien eingeteilt:
• Lebendgebärende Zahnkarpfen,
• Hochlandkärpflinge,
• Lebendgebärende Halbschnabelhechtkärpflinge,
• Vieraugenfische.

Name: Es ist der wissenschaftliche Name genannt und, wenn vorhanden, der gängige deutsche Name. Innerhalb der Fischfamilien wurde eine alphabetische Reihenfolge nach ihrer wissenschaftlichen Bezeichnung vorgenommen.

Aussehen: Kurzbeschreibung der vorgestellten Art.

Größe: Die Angaben beziehen sich auf die erreichbare Größe in der Natur. Manche Fische werden im Aquarium größer, weil sie in menschlicher Obhut älter werden können als in der Natur. Nennenswerte Abweichungen von der natürlichen Größe sind unter dem Stichwort angegeben.

Biotop: Soweit bekannt, ist das bevorzugte Biotop innerhalb des Verbreitungsgebietes der Art genannt. Diese Information soll dem Aquarianer helfen, den Fisch artgemäß und naturnah zu pflegen.

Becken: Angegeben ist der Mindestwasserinhalt für eine lebenslange artgemäße Pflege. Jungtiere lassen sich natürlich auch in kleineren Becken pflegen, müssen jedoch dann als erwachsene Tiere in größere Becken umgesetzt werden.

Bereich: Genannt ist der Bereich im Aquarium, in dem die Fische sich überwiegend aufhalten. Hin und wieder suchen die Tiere auch andere Beckenbereiche auf, zum Beispiel bei der Fütterung durch den Pfleger.
Unten = auf dem Bodengrund oder knapp darüber.
Mitte = der größte Beckenbereich.
Oben = in der Nähe der Wasseroberfläche.

Wasser: Angegeben sind Erfahrungswerte, die eine gute Pflege gewährleisten. Soweit unter dem Stichwort »Zucht« keine anderen Werte aufgeführt sind, gelten auch dort die zu Beginn des Steckbriefes genannten Werte.

Haltung: Hinweise zur artgemäßen Einrichtung des Beckens und der Lebensweise der Art.

Vergesellschaftungstip: Angaben darüber, welche anderen Fischarten sich zur Vergesellschaftung zusammen mit Lebendgebärenden eignen.

Futter: Hinweise auf geeignetes Futter und besonders bevorzugte Nahrung.

Geschlechtsunterschiede: Die wichtigsten Unterschiede zwischen den Geschlechtern.

Balzverhalten: Beobachtungshinweise über den Balzverlauf der jeweiligen Art.

Zucht: Angegeben sind der Aquarientyp für eine gezielte Zucht, das Verhalten der Alttiere gegenüber den Jungen, geeignetes Aufzuchtfutter und die Anzahl der Jungen pro Wurf. Die Angaben darüber, wieviele Jungen geworfen werden, sind nur Anhaltspunkte. Die Zahl variiert sehr stark und hängt auch von den Haltungs- und Zuchtbedingungen ab. Sofern nichts anderes angegeben, gelten die gleichen Wasserwerte wie für die Haltung der jeweiligen Art.

Besonderes: Hervorzuhebende Merkmale, die die jeweilige Art betreffen, oder Hinweis auf ähnlich zu pflegende Arten.

Pflegeanleitungen für Lebendgebärende

Lebendgebärende Zahnkarpfen
Familie Poeciliidae

Messerkärpfling
Alfaro cultratus
Aussehen: Hechtartiger, sehr schlanker Fisch, bläulicher Schuppenglanz, stahlblaue Augen. Größe: Männchen bis 7 cm, Weibchen bis 9 cm. Biotop: Fließgewässer, bevorzugt Pflanzenbestände im nördlichen Bereich Mittelamerikas (Costa Rica bis Panama). Becken: Ab 80 l. Bereich: Oben. Wasser: pH 7–8, 5–20 °dGH, 24–28 °C. Haltung: Becken mit Strömung und Schwimmpflanzen. Lebhafte Art. Vergesellschaftungstip: Kleine bis mittelgroße mittelamerikanische Cichliden. Futter: Fliegen und Mückenlarven, kleine Fische, zusätzlich Trockenfutter. Geschlechtsunterschiede: Männchen kleiner, Gonopodium. Balzverhalten: Die Männchen verfolgen die Weibchen über einen längeren Zeitraum (Parallelschwimmen), bis es zur Befruchtung kommt. Zucht: Weibchen in dicht bepflanzte Becken ab etwa 20 l setzen; Alttiere stellen den Jungen bei guter Fütterung mit viel Lebendfutter nicht intensiv nach; pro Wurf 20–40 Junge; Aufzuchtfutter: *Artemia*-Nauplien. Besonderes: *Alfaro huberi* ist farblich attraktiver, wird aber selten angeboten.

Lebendgebärender Hechtkärpfling
Belonesox belizanus
Foto Seite 63
Aussehen: Hechtartiger Fisch mit walzenförmigem Körper, großes Maul mit deutlich sichtbaren Zähnen. Graubraun gefärbt. Größe: Männchen bis 12 cm, Weibchen bis 25 cm. Biotop: Fließende Gewässer zwischen dichten Pflanzenbeständen vom südlichen Mexiko bis nach Nicaragua im Bereich der atlantischen Küste. Neuerdings auch im Küstenbereich Floridas ausgesetzt. Becken: Ab 160 l. Bereich: Oben. Wasser: pH 6–8, 4–20 °dGH, 24–26 °C.

Haltung: Flache Becken mit dichtem Pflanzenwuchs, auch Schwimmpflanzen. Vergesellschaftungstip: Große, friedliche Fische, zum Beispiel Schmerlen oder Welse. Futter: Lebende Fische; Jungfische möglichst lange mit Wasserflöhen und Mückenlarven ernähren. Verweigern die Jungfische das angebotene Futter, lebende Fische anbieten. Geschlechtsunterschiede: Männchen kleiner, mit Gonopodium. Balzverhalten: Kaum ausgeprägt. Die Männchen lauern aus einem Versteck heraus den Weibchen auf. Die Paarung verläuft sehr schnell, da Weibchen dazu neigen, das Männchen zu fressen. Zucht: Bei guter Fütterung einfach. Weibchen kurz vor dem Werfen (→ Seite 42) in ein kleines Becken von etwa 50 l setzen. In den ersten Stunden nach dem Werfen haben sie eine Freßsperre, das heißt, sie können die Jungen nicht fressen. Nach dem Absetzen der Jungen Weibchen möglichst schnell ins Haltungsbecken zurücksetzen; pro Wurf 15–20 Junge; Aufzuchtfutter: Wasserflöhe und Mückenlarven. Besonderes: Kein Anfängerfisch. Wer nicht genügend Futterfische anbieten kann, sollte diese Art nicht erwerben oder halten.

Bischofskärpfling
Brachyrhaphis episcopi
Aussehen: Robust gebauter Fisch mit vielen roten und schwarzen Zeichnungselementen im Schuppenkleid. Größe: Männchen bis 5 cm, Weibchen bis 6 cm. Biotop: Lebt in stehenden oder wenig fließenden, dicht bepflanzten Gewässern in Mittelamerika (Panama und Costa Rica). Becken: Ab 50 l. Bereich: Mitte. Wasser: pH 7–8, 5–20 °dGH, 24–28 °C. Haltung: An der Wasseroberfläche möglichst dichte Hornkrautpolster, darunter freier Schwimmraum; einige Pflanzenecken am Boden einrichten. Vergesellschaftungstip: Panzerwelse, kleine Cichliden. Futter: Lebendfutter, vor allem Mückenlarven; zwischendurch Trockenfutter.

Pflegeanleitungen für Lebendgebärende

Geschlechtsunterschiede: Männchen schlanker, Gonopodium. Balzverhalten: Wenig ausgeprägt. Zucht: Im dichtbepflanzten Artbecken; Alttiere stellen den Jungen bei ausreichender Fütterung wenig nach; pro Wurf 10–20 Junge; Aufzuchtfutter: *Artemia*-Nauplien. Besonderes: In letzter Zeit wurden weitere, farblich noch attraktivere Arten eingeführt, zum Beispiel *Brachyrhaphis roseni*.

Texaskärpfling, Gambuse

Gambusia affinis und *Gambusia holbrooki*
Aussehen: Schlichte, meist grau gefärbte Fische. Weibchen guppyähnlich, Männchen schlank. Gelegentlich sind die Männchen von *G. holbrooki* schwarz marmoriert. Größe: Männchen bis 3 cm, Weibchen bis 6 cm. Biotop: Bevorzugt stehende Gewässer aller Art. Ursprünglich im Südosten (*affinis*) beziehungsweise Südwesten (*holbrooki*) der USA beheimatet. Seit der Jahrhundertwende in allen Kontinenten zur Mückenbekämpfung ausgesetzt. Auch in Südeuropa zu finden. Während der wärmeren Jahreszeit sehr gut im Gartenteich zu halten. Bereich: Mitte, oben. Wasser: pH 6–8, 5–30 °dGH, 20–26 °C. Haltung: Gut bepflanzte Becken; unempfindliche Art. Futter: Lieblingsnahrung Mückenlarven, aber auch alle anderen Futterarten (→ Seite 29). Geschlechtsunterschiede: Männchen schlanker, Gonopodium. Weibchen mit sehr deutlichem Trächtigkeitsfleck (→ Seite 42). Balzverhalten: Die Männchen bedrängen die Weibchen häufig und versuchen, jede sich bietende Gelegenheit zur Begattung zu nutzen. Zucht: Trächtige Weibchen unbedingt in ein Netz (→ Seite 40) oder dicht bepflanztes Becken setzen, denn Alttiere stellen den Jungfischen intensiv nach; pro Wurf 10–30 Junge; Aufzucht der Jungfische mit *Artemia*-Nauplien. Besonderes: Bei *Gambusia holbrooki* kommen relativ häufig schwarz gescheckte Männchen vor. Von einigen Wissenschaftlern werden die beiden hier als Arten behandelten Vertreter dieser Gattung als Unterarten *Gambusia affinis affinis* und *Gambusia affinis holbrooki* angesehen. Die meisten anderen, sehr selten angebotenen Vertreter der Gattung *Gambusia* sind ähnlich in bezug auf Haltung und Zucht.

Sichelkärpfling

Girardinus falcatus
Aussehen: Glasartig durchsichtiger, gestreckter Fisch mit gelblicher Färbung. Jungfische haben blaue Augen. Größe: Männchen bis 5 cm, Weibchen bis 7 cm. Biotop: Kommt nur auf Kuba in den verschiedensten Biotopen vor, scheint aber stehende und stark verkrautete Gewässer zu bevorzugen. Becken: Artbecken ab 30 l, Gesellschaftsbecken ab 60 l. Bereich: Mitte. Wasser: pH 6,5–7,8, 5–20 °dGH, 24–26 °C. Haltung: Becken im Hintergrund dicht bepflanzen, viel Schwimmraum bieten; Vergesellschaftungstip: Kleine Regenbogenfische, Guppys, Platys, Panzerwelse. Futter: Trockenfutter, gelegentlich Wasserflöhe und *Artemia*-Nauplien. Geschlechtsunterschiede: Männchen kleiner, langes Gonopodium. Balzverhalten: Die Männchen schwimmen mit abgespreiztem Gonopodium hinter den Weibchen her und versuchen dann blitzschnell, sie zu befruchten. Zucht: Im Artbecken einfach, denn die Alttiere stellen den Jungen kaum nach. Möglicherweise können sie ihre eigenen Jungen anhand der blauen Augen von anderen Jungen unterscheiden; pro Wurf 15–30 Junge. Aufzuchtfutter: Kleines Trockenfutter, *Artemia*-Nauplien. Besonderes: Vorsicht beim Umsetzen. Der Sichelkärpfling zeigt sich gelegentlich sehr empfindlich bei abruptem Wechsel der Wasserverhältnisse.

Pflegeanleitungen für Lebendgebärende

Metallkärpfling
Girardinus metallicus

Aussehen: Gestreckte, hechtähnliche Körpergestalt, Seiten metallisch blau glänzend, blaue Augen. Größe: Männchen bis 6 cm, Weibchen bis 9 cm.
Biotop: Stehende und nicht zu schnell fließende Gewässer aller Art auf Kuba. Becken: Ab 50 l.
Bereich: Mitte. Wasser: pH 6–8, 5–25 °dGH, 24–26 °C. Haltung: Einfach bei guter Wasserpflege; Becken mit Pflanzenbereichen als Versteck- und Ruhezonen. Vergesellschaftungstip: Andere friedliche Lebendgebärende, Panzerwelse. Futter: Allesfresser. Geschlechtsunterschiede: Männchen fast um die Hälfte kleiner als Weibchen, Gonopodium. Balzverhalten: Die Männchen lauern, möglichst aus einem Versteck heraus, auf eine günstige Gelegenheit, die Weibchen überfallartig zu begatten. Zucht: Weibchen vor dem Werfen isolieren; sie werfen etwa alle 28–30 Tage. Alttiere stellen den Jungen kaum nach. Jungfische haben deutlich blaue Augen; pro Wurf 10–40 Junge. Aufzuchtfutter: Zerriebene Pflanzenflocken und *Artemia*-Nauplien. Besonderes: Es gibt eine Variante, bei der die Männchen einen schwarzen Bauch haben. Dieser Schwarzbauch-Metallkärpfling bleibt in beiden Geschlechtern etwas kleiner als die Normalform und balzt recht auffällig.

Zweifleckkärpfling
Heterandria bimaculata

Aussehen: Kräftige, spindelförmige Gestalt; Seiten schimmern oft gelblich. Größe: Männchen bis 8 cm, Weibchen bis 15 cm. Biotop: Größere stehende Gewässer und alle Arten von nicht zu schnell fließenden Gewässern in Mexiko und den südlich angrenzenden mittelamerikanischen Staaten. Becken: Artbecken ab 100 l; Gesellschaftsbecken ab 200 l. Bereich: Mitte. Wasser: pH 6–8, 5–20 °dGH, 24–30 °C. Haltung: Große Becken mit viel Schwimmraum; Schwarmfisch. Vergesellschaftungstip: Nicht-

räuberische große Cichliden. Futter: Allesfresser, vor allem Lebendfutter, auch Jungfische eigener und anderer Arten bis zur halben eigenen Körpergröße; Weibchen sind sehr gefräßig. Geschlechtsunterschiede: Männchen schlanker, kleiner, mit Gonopodium. Balzverhalten: Die Männchen bekämpfen sich untereinander so stark, daß meist nur ein erwachsenes Männchen überlebt. Die Balz selbst verläuft ruhig und ohne Besonderheiten. Zucht: Artbecken mit dichten Pflanzenbeständen; Alttiere stellen den Jungen nach. Am besten trächtige Weibchen in sehr dicht bepflanzten Becken von etwa 20 l isolieren; pro Wurf 20–80 Junge; Aufzuchtfutter: Kleines Trockenfutter, Wasserflöhe.

Zwergkärpfling
Heterandria formosa

Aussehen: Untere Körperhälfte schwarz, obere hellbeige; Weibchen gedrungen, Männchen schlank. Größe: Männchen bis 2 cm, Weibchen bis 3,5 cm. Biotop: Uferbereiche stehender oder langsam fließender Gewässer, meist in dichten Pflanzenbeständen. In Florida und in angrenzenden Staaten im Südosten der USA zu Hause. Becken: Artbecken ab 10 l, Gesellschaftsbecken ab 60 l. Bereich: Mitte, oben. Wasser: pH 6–8, 5–30 °dGH, 22–26 °C. Haltung: Becken mit einigen dichten Pflanzenbeständen, aber auch für großzügigen Schwimmraum sorgen. Vergesellschaftungstip: Kleine, friedliche Fische, zum Beispiel kleine Salmler, Zwergcichliden (*Apistogramma*). Futter: Allesfresser (kleines Futter). Geschlechtsunterschiede: Männchen kleiner, Gonopodium. Balzverhalten: Die Männchen scheinen bei der Balz mit ihren Gonopodien zu »fechten«, ohne daß es zu Beschädigungen kommt. Zucht: Zuchtbecken mit vielen Schwimmpflanzen, zum Beispiel *Riccia*. Während einer Wurfperiode von bis zu 4 Wochen werden täglich 1–5 Junge abgesetzt. Die Alttiere stellen den Jungen kaum nach; pro

Pflegeanleitungen für Lebendgebärende

Wurfperiode 5–30 Junge. Aufzuchtfutter: Trockenfutter, *Artemia*-Nauplien. Besonderes: Kann im Sommer auch im Gartenteich gehalten werden.

Dreifarbiger Jamaikakärpfling
Limia melanogaster
Aussehen: Gestreckter Fisch; Körperseiten blauschwarz; Weibchen robust. Größe: Männchen bis 5 cm, Weibchen bis 6 cm. Biotop: Alle Arten von Gewässern auf Jamaika. Becken: Ab 40 l. Bereich: Mitte. Wasser: pH 6–8,5, bis 20 °dGH, 24–26 °C. Haltung: Dicht bepflanztes Becken mit etwas Schwimmraum.
Vergesellschaftungstip: Andere Lebendgebärende, Salmler, Welse, Zwergcichliden. Futter: Allesfresser. Geschlechtsunterschiede: Männchen mit Gonopodium, Weibchen mit großem Trächtigkeitsfleck. Balzverhalten: Männchen verfolgen Weibchen intensiv, darum für Pflanzenverstecke sorgen. Zucht: Im Artbecken oder im Zuchtbecken ab 20 l, Alttiere stellen den Jungen nicht nach; pro Wurf 20–50 Junge. Aufzuchtfutter: Kleines Trockenfutter, *Artemia*-Nauplien. Besonderes: Zwei ähnliche Arten, der Dominica-Kärpfling (*Limia dominicensis*) und der Bänderkärpfling *(Limia vittata),* werden ebenso gepflegt. Die Weibchen des Bänderkärpflings werden größer als die des Jamaikakärpflings.

Buckelkärpfling
Limia nigrofasciata
Aussehen: Sehr hochrückig, Grundfarbe gelb mit schwarzblauen Querstreifen. Größe: Beide Geschlechter bis 7 cm. Biotop: In Haiti im Miragoanesee und den angrenzenden Gewässern. Becken: Artbecken ab 80 l, Gesellschaftsbecken ab 100 l. Bereich: Mitte. Wasser: pH 6,5–7,5, 5–20 °dGH, 24–26 °C. Haltung: Becken teilweise bepflanzen und viel Schwimmraum bieten, viel Frischwasser nötig.
Vergesellschaftungstip: Ruhige Fische, zum

Beispiel Panzerwelse. Futter: Allesfresser, braucht gelegentlich kleines Lebendfutter. Geschlechtsunterschiede: Männchen schlanker, hochrückiger (besonders im Alter), mit Gonopodium. Balzverhalten: Männchen verfolgen Weibchen über längere Zeit und versuchen, sie währenddessen ständig zu begatten. Zucht: Im Artbecken oder im Zuchtbecken ab 40 l, Alttiere stellen den Jungen nicht nach; pro Wurf 10–40 Junge. Aufzuchtfutter: Kleines Lebendfutter. Besonderes: Eine ähnliche Art, *Limia perugiae,* stellt höhere Ansprüche an die Wasserqualität (geringer Nitratgehalt), ist aber ansonsten gleich zu pflegen.

Guatemalakärpfling, Lustige Witwe
Phallichthys amates
Foto Seite 46
Aussehen: Hochrückiger, schlanker Fisch, Körper gelb, Flossenränder weiß, Augen blau. Größe: Männchen bis 4 cm, Weibchen bis 6 cm. Biotop: Nicht zu schnell fließende Gewässer im atlantischen Einzugsgebiet von Guatemala und Honduras. Becken: Artbecken ab 40 l. Bereich: Mitte. Wasser: pH 6,5–7,5, 5–25 °dGH, 24–26 °C. Haltung: Problemlos, Beckeneinrichtung mit einigen Pflanzen, häufiger Wasserwechsel nötig.
Vergesellschaftungstip: Friedliche, kleine Fische, zum Beispiel Neonsalmler. Futter: Allesfresser. Geschlechtsunterschiede: Männchen schlanker, mit Gonopodium. Balzverhalten: Die Männchen verfolgen die Weibchen über einen längeren Zeitraum vor der Befruchtung, sie bedrängen sie aber nicht zu stark. Zucht: Einfach. Artbecken oder Zuchtbecken ab 20 l, Alttiere stellen den Jungen nicht nach; pro Wurf 20–40 Junge. Aufzuchtfutter: *Artemia*-Nauplien, kleines Trockenfutter. Besonderes: Der Netzkärpfling *(Phallichthys pittieri)* wird etwas größer, ist aber ebenso einfach zu pflegen.

Pflegeanleitungen für Lebendgebärende

Kaudi, Scheckenkärpfling, Goldgambuse
Phalloceros caudimaculatus
Aussehen: Gedrungener, spindelförmiger Lebendgebärender; Grundfarbe beige, Stammform mit hell umrahmtem braunem Fleck in der Körpermitte; oft ist aber der ganze Fisch dicht mit schwarzen Punkten und Flecken gezeichnet. Größe: Männchen bis 4 cm, Weibchen bis 6 cm. Biotop: Kühle Gebirgsbäche und Teiche in Südostbrasilien, Uruguay, Paraguay sowie Nordargentinien. Becken: Artbecken ab 30 l. Bereich: Mitte, oben. Wasser: pH 6–7,5, 3–20 °dGH, 18–22 °C. Haltung: Einige Pflanzendickichte im Becken schaffen; wichtig ist kühle Haltung mit viel Frischwasser. Futter: Allesfresser. Geschlechtsunterschiede: Männchen kleiner, schlanker, mit Gonopodium. Balzverhalten: Unauffällig. Männchen nähert sich dem Weibchen überfallartig. Zucht: Bei kühler Haltung relativ problemlos, im Artbecken oder im Zuchtbecken ab 30 l, Alttiere stellen den Jungen kaum nach; pro Wurf 5–30 Junge. Aufzuchtfutter: *Artemia*-Nauplien. Besonderes: Man unterscheidet neben der Normalform eine gescheckte (»*reticulatus*«) und eine golden gescheckte (»*reticulatus auratus*«) Abart. Vor allem die gescheckte Art wird häufiger gehalten. Im Sommer gut für den Gartenteich geeignet.

Guppy
Poecilia reticulata
Fotos Seite U1, U2, 63, 64, U4
Aussehen: Gestreckter Fisch, Weibchen wuchtig, Männchen schlank, Weibchen beigegrau; Männchen in allen Farben möglich. Größe: Männchen bis 3 cm, Weibchen bis 6 cm. Biotop: Stehende und leicht fließende Gewässer. Ursprünglich im Norden Südamerikas sowie auf einigen karibischen Inseln zu Hause; inzwischen zur Mückenbekämpfung weltweit in tropischen Gewässern ausgesetzt. Kommt in Mitteleuropa in einigen Warmbächen vor, sogar in Deutschland. Becken: Ab 20 l. Bereich: Mitte, oben. Wasser: pH 5,5–8,5, 2–40 °dGH, 24–26 °C. Auch an reines Seewasser gewöhnbar! Haltung: Sehr einfach; Becken dicht bepflanzen, mit etwas freiem Schwimmraum. Vergesellschaftungstip: Kleine Fische, zum Beispiel Panzerwelse, Platys, Salmler. Großflossige Zuchtformen besser allein halten. Futter: Allesfresser, einmal wöchentlich Lebendfutter anbieten. Geschlechtsunterschiede: Männchen kleiner, bunter; Gonopodium. Balzverhalten: Das Männchen führt vor der Befruchtung unter Flossenspreizen einen reizvoll anzusehenden Sicheltanz vor dem Weibchen auf. Zucht: Sehr einfach. Haltungs- oder Zuchtbecken ab 20 l, nur junge Weibchen und Männchen scheinen den Jungen (aus Unkenntnis?) nachzustellen; pro Wurf 10–40 Junge. Junge mit Trockenfutter aufziehen. Besonderes: Viele Zuchtformen. Im Gegensatz zu den Zuchtformen variieren bei den Männchen der Wildform die Schwanz- und Rückenflosse nur geringfügig. Bei den Wildformen gibt es Stämme, deren Männchen sehr schöne Farben haben. Die Weibchen sind fast immer einfarbig beigegrau. Ähnliche, aber weit schwieriger zu haltende und Anfängern nicht zu empfehlende Arten sind der Zitronenkärpfling *(Poecilia branneri)* und der Schillerkärpfling *(Poecilia picta)*. Vor allem deren erfolgreiche Nachzucht bereitet Probleme.

Spitzmaulkärpfling, Molly
Poecilia sphenops
Foto Seite 17
Aussehen: Männchen hechtartig, Weibchen plumper. Flossen oft rot oder gelb, Körper blau. Größe: Männchen 6–8 cm, selten bis 10 cm, Weibchen 7–10 cm, gelegentlich auch deutlich größer (bis über 20 cm?). Biotop: Wildform in Süß- und Brackwasser; vor allem in Fließgewässern in Mittelamerika (Texas bis Kolumbien). Becken: Ab 80 l. Bereich: Mitte, oben. Wasser: pH 6,5–8, 5–30 °dGH, 24–28 °C.

Pflegeanleitungen für Lebendgebärende

Haltung: Harte Pflanzen, Schwimmpflanzen als Schutz für die Brut. Häufiger Wasserwechsel. Stammart anspruchslos, schwarze Zuchtform oft krankheitsanfällig. Futter: Allesfresser; Lieblingsnahrung Algen. Geschlechtsunterschiede: Männchen kleiner, Gonopodium. Balzverhalten: Die Männchen kämpfen untereinander eine Rangposition aus. Die schwächeren Männchen kümmern leicht, nur das stärkste zeigt schöne Farben. Die Balz selbst ist wenig auffällig; die Männchen schwimmen hinter den Weibchen her und versuchen, sie dabei zu begatten. Zucht: Einfach, im Haltungsbecken, Alttiere stellen den Jungen nicht nach; Männchen unter 5 cm Größe nicht für die Zucht verwenden; pro Wurf 5–20 Junge. Aufzuchtfutter: Trockenfutter, Algen. Besonderes: Ähnliche Arten sind der Mexiko-Molly (*Poecilia mexicana*) und der Pazifische Molly (*Poecilia butleri* → Foto Seite 17). Sie sind ebenso zu halten und zu pflegen.

Segelflossenkärpfling
Poecilia velifera
Foto Seite U3
Aussehen: Kräftiger, hochrückiger Fisch, Seiten grün mit dunklen Punkten; häufig als Albino (fleischfarben mit roten Augen) angeboten. Größe: Im Aquarium Männchen bis 10 cm, Weibchen bis 15 cm, in der Natur bis 5 cm größer. Biotop: Küstennahe Gewässer der mexikanischen Halbinsel Yucatan, Mexiko. Becken: Ab 160 l. Bereich: Mitte, oben. Wasser: pH 6–8, 5–30 °dGH, 25–28 °C. Haltung: Becken mit viel Schwimmraum, sonst bilden Nachzucht-Männchen nicht ihre hohen Flossen aus. Besonders importierte Tiere benötigen anfangs einen leichten Salzzusatz im Aquarium (5 g/l), der aber nach und nach weggelassen werden kann. Nach der Umgewöhnung gut für ein Gesellschaftsbecken geeignet. Futter: Allesfresser, vor allem Algen. Auch Trockenfutter auf pflanzlicher Basis ist geeignet. Geschlechtsunterschiede: Männchen mit hoher segelartiger Rückenflosse, Gonopodium.

Balzverhalten: Entweder ein Männchen in ein Becken ab 100 l oder mehrere Männchen in Becken ab 200 l einsetzen, sonst ist die Rivalität während der Balz zu stark. Die Balz selbst ist sehr auffällig. Die Männchen versuchen, den Weibchen mit aufgestellter Rückenflosse zu imponieren. Zucht: Nicht leicht, denn die Jungfische brauchen ausreichend große Becken (ab 160 l) zum Wachstum. Alttiere stellen den Jungen kaum nach; pro Wurf 20–200 Junge. Aufzuchtfutter: Pflanzliches Trockenfutter, *Artemia*-Nauplien. Besonderes: Der ähnliche, aber sehr selten angebotene Breitflossenkärpfling (*Poecilia latipinna*) ist im Aquarium recht hinfällig.

Seitenfleckkärpfling
Poeciliopsis gracilis
Foto Seite 17
Aussehen: Gestreckter, schlanker Fisch, der auf silbrigweißer Grundfarbe eine seitliche Reihe aus 4 bis 10 etwa augengroßen schwarzen Punkten hat. Jungtiere haben bläuliche Augen. Größe: Männchen 4 cm, Weibchen 7 cm. Biotop: Randbereiche stehender und fließender Gewässer entlang der pazifischen und atlantischen Küste Südmexikos bis Honduras. Wo vorhanden, werden gerne dichte Algen- und Pflanzenbestände besiedelt. Becken: Ab 40 l. Bereich: Mitte oben. Wasser: pH 6–7,5, mittelhartes bis hartes Wasser (ab etwa 6° dGH), 25–28° C. Haltung: Einfach. Alle 3 Wochen etwa ein Viertel des Wassers im Becken gegen

▷

Lebendgebärende Zahnkarpfen.
Oben links: Zuchtform des Guppys (*Poecilia reticulata*) mit »Unterschwert«. Oben rechts: Wildform des Platys (*Xiphophorus maculatus*). Mitte: Lebendgebärender Hechtkärpfling (*Belonesox belizanus*). Links unten: Nezahualcoyotl-Schwertträger (*Xiphophorus nezahualcoyotl*). Rechts unten: Cortez-Schwertträger (*Xiphophorus cortezi*).

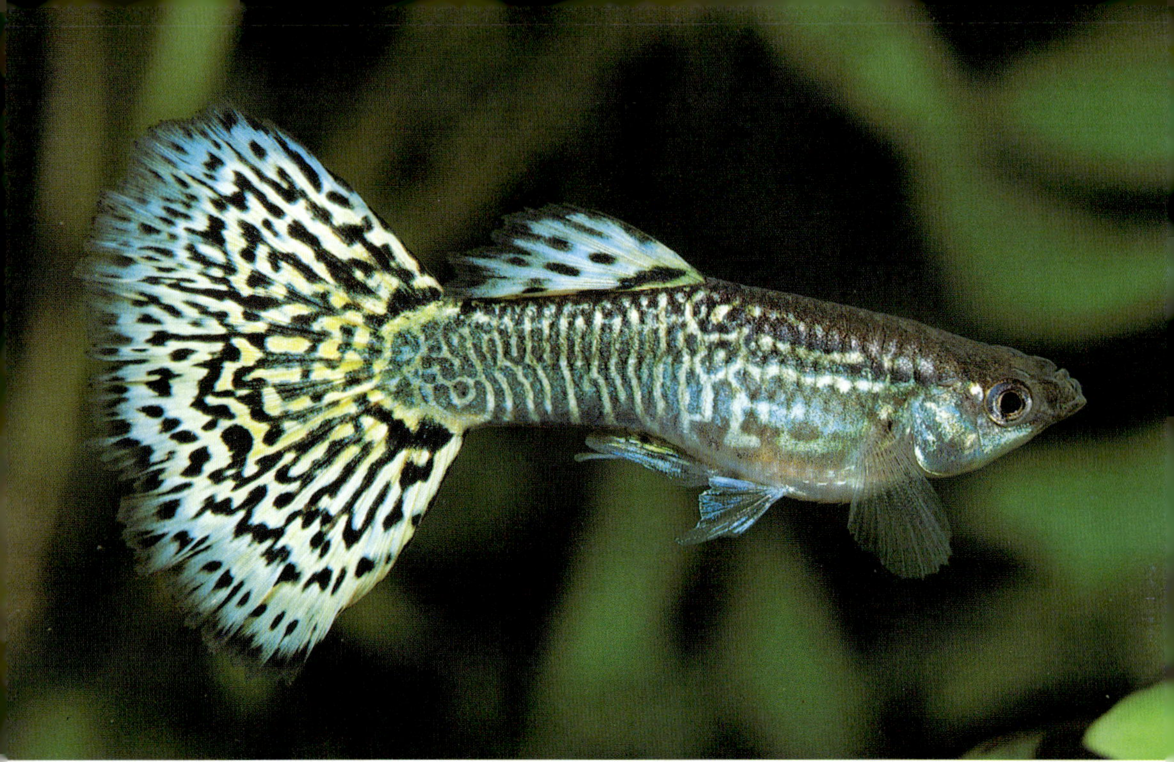

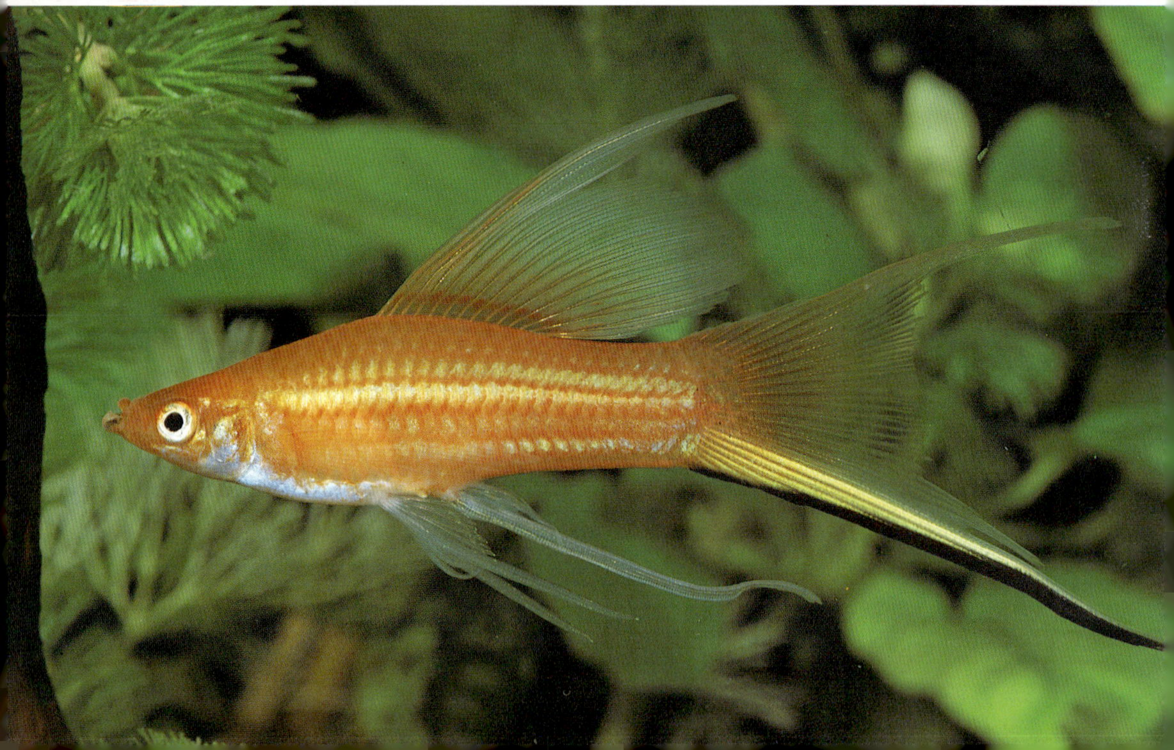

Pflegeanleitungen für Lebendgebärende

frisches austauschen. Vergesellschaftungstip: Andere kleine Lebendgebärende, zum Beispiel *Heterandria formosa*, aber auch Zwergbuntbarsche (*Apistogramma*) und Panzerwelse (*Corydoras*). Futter: Kleines Lebendfutter, Trockenfutter (nicht ausschließlich). Geschlechtsunterschiede: Männchen kleiner, schlanker, mit sehr langem Gonopodium. Balzverhalten: Unauffällig. Das Männchen nähert sich dem Weibchen von hinten und versucht es überfallartig zu begatten. Zucht: Bei guter Fütterung einfach. Im Abstand von einem Monat werden bis 50 Junge abgesetzt. Alttiere stellen ihnen kaum nach. Aufzuchtfutter: *Artemia*-Nauplien, kleines Trockenfutter.

Regenschirmkärpfling
Xenophallus umbratilis
Aussehen: Schlanker Fisch, gelbbraun gefärbt. Größe: Männchen bis 4 cm, Weibchen bis 6 cm. Biotop: Küstengewässer mit pflanzenreichen Abschnitten in Costa Rica. Becken: Ab 50 l. Bereich: Mitte. Wasser: pH 6,5–7,5, 5–20 °dGH, 24–26 °C. Haltung: Einfach, Becken mit einigen dichten Pflanzenbeständen und auch freiem Schwimmraum; häufiger Wasserwechsel. Vergesellschaftungstip: Möglichst kleinere Arten. Futter: Allesfresser, mindestens einmal wöchentlich kleines Lebendfutter (*Artemia*-Nauplien) anbieten. Geschlechtsunterschiede: Männchen mit langem, an der Spitze gespaltenem Gonopodium. Balzverhalten: Unauffällig. Zucht: Nicht immer problemlos, denn die Jungfische sind gelegentlich recht hinfällig. Zucht im Artbecken, Alttiere stellen den Jungen kaum nach; pro Wurf 5–20 Junge. Aufzuchtfutter: Kleines Lebendfutter.

◁

Lebendgebärende Zahnkarpfen.
Oben: Bei dieser Guppy-Zuchtform (*Poecilia reticulata*) sind die Deckfarben besonders stark durchgemustert. Unten: Diese Schwertträger-Zuchtform (*Xiphophorus helleri*) hat sehr lange Flossen.

Schwertträger
Xiphophorus helleri
Fotos Seite 18, 63, 64
Aussehen: Gestreckter Körper; Zuchtformen in vielen Farben; Wildform grün mit roter Seitenlinie. Größe: Männchen bis 12 cm (plus Schwert), Weibchen bis 14 cm. Biotop: In nicht zu kleinen Gewässern aller Art zu finden, wobei jedoch in der Regel Fließgewässer bevorzugt werden. Kommt im atlantischen Einzugsbereich von Mexiko bis Belize vor. Becken: Ab 80 l. Bereich: Mitte. Wasser: pH 6–8, 5–30 °dGH, 24–26 °C. Haltung: Becken mit Strömung. Männchen untereinander und gelegentlich zu artfremden Fischen aggressiv. Entweder nur ein Männchen pflegen oder viele, so daß sich die Aggressionen verteilen. Futter: Pflanzenkost, tierische Nahrung und Flockenfutter. Geschlechtsunterschiede: Männchen kleiner, schlanker, mit »Schwert« an der Schwanzflosse; Gonopodium. Balzverhalten: Die Männchen streiten untereinander gelegentlich so stark, daß nur das stärkste Männchen überlebt. Bei der Balz selbst umtanzt das Männchen das Weibchen in großen Bahnen mit gespreizten Flossen. Zucht: Einfach. Art- oder Zuchtbecken ab 50 l; Alttiere stellen den Jungen gelegentlich nach, deswegen Weibchen vor dem Werfen isolieren (→ Netzmethode, Seite 40); pro Wurf 30–100 Junge. Aufzuchtfutter: Kleines Trocken- oder Lebendfutter. Besonderes: Viele Zuchtformen. Wildformen von Schwertträgern gibt es in vielen Farbvarianten, die gelegentlich angeboten werden. Ähnliche, aber kleiner bleibende und etwas schwieriger zu pflegende Arten (viel Frischwasser bieten!) sind der Cortez-Schwertträger (*Xiphophorus cortezi*, → Foto Seite 63), der Montezuma-Schwertträger (*X. montezumae*), der Nezahualcoyotl-Schwertträger (*X. nezahual coyotl*, → Foto Seite 63) und die Zwergschwertträger (*Xipho phorus nigrensis* und *X. pygmaeus*).

Pflegeanleitungen für Lebendgebärende

Platy

Xiphophorus maculatus

Foto Seite 63

Aussehen: Sehr hochrückiger, kurz wirkender Lebendgebärender; Weibchen grau, Männchen grau oder schwarz, gelegentlich mit Rottönen. Größe: Männchen bis 5 cm, Weibchen bis 6 cm. Biotop: Fließende Tieflandgewässer auf der atlantischen Seite des zentralen Mittelamerikas. Becken: Ab 40 l. Bereich: Mitte. Wasser: pH 6,5–8, 5–30 °dGH, 24–26 °C. Haltung: Lockere Bepflanzung; Schwimmpflanzendecke als Rückzugsgebiet für Jungfische; Vergesellschaftungstip: Andere Lebendgebärende, zum Beispiel Guppys, Labyrinther, Panzerwelse. Futter: Alle kleineren Futtersorten, vor allem pflanzliche Nahrung. Geschlechtsunterschiede: Männchen kleiner, Gonopodium. Balzverhalten: Unauffällig. Zucht: Einfach. Trächtige Weibchen isolieren, Alttiere stellen den Jungen wenig nach; pro Wurf 10–50 Junge. Aufzuchtfutter: Kleines Trocken- oder Lebendfutter. Besonderes: Viele Zuchtformen. Auch vom Wildplaty gibt es viele Farbvarianten, je nach dem Flußsystem, aus dem sie stammen. Ähnliche, aber weniger attraktiv gefärbte Arten sind *Xiphophorus andersi* und der Catemaco-Platy *(Xiphophorus milleri)*.

Papageienplaty

Xiphophorus variatus

Fotos Seite 28, U4

Aussehen: Gestreckter und schlanker als »normale« Platys. Wildform mit gelbgrauen oder blauen Körperseiten. Biotop: Flache, strömungsarme Zonen von Fließgewässern im südlichen Mexiko. Becken: Ab 50 l. Bereich: Mitte, oben. Wasser: pH 6–8, 5–25 °dGH, 20–24 °C. Haltung: Becken mit einigen dichten Pflanzenbeständen und auch freiem Schwimmraum; gute Wasserpflege wichtig, kümmern sonst schnell. Vertilgt Algen im Aquarium. Vergesellschaftungstip: Andere Lebendgebärende, Guppys, Labyrinther, Panzerwelse. Futter: Pflanzenkost, auch kleines Lebend- und nicht-pflanzliches Trockenfutter. Geschlechtsunterschiede: Männchen schlanker, Gonopodium. Balzverhalten: Das Männchen versucht, mit gespreizten Flossen vor dem Weibchen zu imponieren. Zucht: Einfach. Trächtige Weibchen isolieren, in Zuchtbecken ab 30 l, Alttiere stellen den Jungen wenig nach; Junge wachsen langsam; pro Wurf 20–50 Junge; mit kleinem Trocken- und Lebendfutter aufziehen. Besonderes: Je nach Flußsystem, aus dem die Fische stammen, verschiedene Farbvarianten.

Hochlandkärpflinge
Familie Goodeidae

Ameca-Kärpfling, Schmetterlingskärpfling

Ameca splendens

Foto Seite 46

Aussehen: Gestreckter, robuster Fisch, Vorderkörper fast viereckig, langer Schwanzstiel; Weibchen silbergrau mit dunklen Flecken, Männchen grün. Größe: Männchen bis 8 cm, Weibchen bis 10 cm. Biotop: Klare Fließgewässer mit felsigen Abschnitten und reichlich Pflanzenwuchs in Mexiko im Bereich des Rio Ameca. Becken: Ab 80 l. Bereich: Mitte. Wasser: pH 6,5–8, 5–30 °dGH, 24–26 °C. Haltung: Becken mit guter Strömung, viel Schwimmraum. Friedliche Art. Vergesellschaftungstip: Andere, mittelamerikanische Lebendgebärende. Futter: Allesfresser, der aber viel pflanzliche Nahrung (zum Beispiel überbrühten Blattspinat) braucht. Geschlechtsunterschiede: Männchen kleiner, gelb gerändete Schwanzflosse, Andropodium. Balzverhalten: Die Männchen umschwimmen die Weibchen mit gespreizten Flossen. Unter den Männchen kann es zu heftigen Rangordnungskämpfen kommen, bei denen der Unterlegene in der Regel keinen Schaden davonträgt. Zucht: Sehr

Pflegeanleitungen für Lebendgebärende

einfach. Alttiere stellen den großen Jungen nicht nach; pro Wurf 5–30 Junge. Aufzucht mit pflanzlichem Trockenfutter und Kleinkrebsen. Besonderes: Die Weibchen sehen nach dem Werfen sehr schlank aus. Dies ist bei Hochlandkärpflingen aber normal und ändert sich innerhalb weniger Tage.

Regenbogenkärpfling
Characodon lateralis
Aussehen: Gedrungener Körperbau, walzenförmig; Weibchen grünlich, Männchen mit Rot- und Gelbtönen. Größe: Männchen bis 6 cm, Weibchen bis 7 cm. Biotop: Stehende Gewässer im Norden Mexikos in der Umgebung von Durango. Becken: Ab 50 l. Bereich: Unten. Wasser: pH 6–8, 5–20 °dGH, 24–26 °C. Haltung: Dunkel eingerichtete Becken, benötigt viel Frischwasser. Nicht für Gesellschaftsbecken geeignet! Futter: Allesfresser. Geschlechtsunterschiede: Männchen viel farbiger mit Rottönen, Andropodium. Weibchen grünlich mit seitlichen Flecken. Balzverhalten: Das Männchen versucht, das Weibchen durch Imponieren mit gespreizten Flossen in die richtige Haltung zur Begattung zu treiben. Das Weibchen schüttelt sich, wenn es auf die Werbung eingeht. Zucht: Nicht ganz einfach. Es werden nur wenige Junge geworfen; im Artbecken oder im Zuchtbecken ab 40 l; Eltern stellen den Jungtieren nicht intensiv nach; pro Wurf 3–20 Junge. Aufzuchtfutter: Kleines Lebendfutter. Besonderes: Vielleicht der schönste Hochlandkärpfling.

Messinggelber Kärpfling
Ilyodon furcidens
Aussehen: Besonders gestreckter, schlanker Lebendgebärender; gelbgrün mit violetten Körperbereichen. Größe: Männchen bis 8 cm, Weibchen bis 10 cm. Biotop: Meist in langsam bis schnell fließenden Gewässern im pazifischen Einzugsbereich am Rande des Hochlands von Mexiko. Becken: Artbecken ab 60 l, Gesell-

schaftsbecken ab 100 l. Bereich: Mitte, unten. Wasser: pH 6–8, 5–25 °dGH, 22–26 °C. Haltung: Harte Pflanzen, zum Beispiel Javamoos (Pflanzenfresser); Verstecke aus Steinen schaffen. Vergesellschaftungstip: Mittelgroße Fische, zum Beispiel Salmler, Labyrinther. Futter: Allesfresser, bevorzugt Algen oder überbrühten Blattspinat. Geschlechtsunterschiede: Männchen schlank, Andropodium. Balzverhalten: Weniger auffällig als bei den meisten anderen Hochlandkärpflingen. Zucht: Einfach. Im Artbecken oder im Zuchtbecken ab 40 l; Alttiere stellen den Jungen nicht nach; pro Wurf 3–30 Junge. Aufzuchtfutter: Trockenfutter, Algen. Besonderes: Gelegentlich wird diese Art auch unter dem Namen *Ilyodon xantusi* angeboten.

Zweilinienkärpfling
Skiffia bilineata
Aussehen: Hochrückig, große Flossen, graublau gefärbt. Größe: Männchen bis 4 cm, Weibchen bis 7 cm. Biotop: In stehenden Gewässern im zentralen Hochland von Mexiko. Becken: Ab 60 l. Bereich: Mitte. Wasser: pH 6,5–8, 5–50 °dGH, 18–24 °C. Haltung: Becken mit einigen dichten Pflanzenbeständen, viel Schwimmraum; verträgt keinen abrupten Wasserwechsel. Für Gesellschaftsbecken ungeeignet! Futter: Allesfresser, der aber zweimal wöchentlich kleines Lebendfutter erhalten sollte. Geschlechtsunterschiede: Männchen mit größerer Rückenflosse, schlanker, mit Andropodium; Weibchen gelegentlich stahlblau. Balzverhalten: Das Männchen paradiert mit gespreizten Flossen vor dem Weibchen. Das Weibchen schüttelt sich, wenn es auf die Balzversuche eingeht. Zucht: Im Artbecken nicht schwer, denn die Alttiere stellen den Jungen kaum nach; pro Wurf 3–20 Junge. Aufzuchtfutter: Kleines Lebendfutter. Besonderes: Kein Anfängerfisch!

Pflegeanleitungen für Lebendgebärende

Banderolenkärpfling

Xenotoca eiseni

Foto Seite 46

Aussehen: Sehr hochrückiger Fisch mit fast quadratischem Vorderkörper. Grundfarbe beigegrau, Männchen mit orangem Schwanzstiel und gelegentlich gelbgoldenen Körperseiten. Größe: Männchen bis 6 cm, Weibchen bis 7 cm. Biotop: Langsam fließende, aber auch stehende Gewässer im Bereich der südwestlichen Abdachung des Hochlands von Mexiko. Becken: Ab 60 l. Bereich: Mitte. Wasser: pH 6–8, 5–20 °dGH, 24–26 °C. Haltung: Harte Pflanzen, zum Beispiel Javamoos (Pflanzenfresser), Verstecke aus Steinen schaffen. Vergesellschaftungstip: Möglichst keine langflossigen Fische. Futter: Allesfresser; vor der Zucht ausreichend Lebendfutter anbieten. Geschlechtsunterschiede: Männchen farbiger, Andropodium. Balzverhalten: Besonders ausgeprägt, das Männchen imponiert mit gespreizten Flossen vor dem Weibchen. Das Weibchen schüttelt sich, wenn es auf die Balzversuche eingeht. Zucht: Einfach. Trächtige Weibchen isolieren; Alttiere stellen den Jungen selten nach. Mehr als eineinhalb Jahre alte Weibchen werfen nicht mehr; pro Wurf 3–30 Junge. Aufzuchtfutter: Kleines Trocken- und Lebendfutter. Besonderes: Von dieser Art sind mehrere, farblich etwas voneinander abweichende Varianten bekannt.

Lebendgebärende Halbschnabelhechtkärpflinge Familie Hemirhamphidae

Lebendgebärender Halbschnabelhechtkärpfling

Dermogenys pusillus

Foto Seite 26

Aussehen: Spindeldünner, gestreckter Fisch; silbergrau bis bronzefarben, rote Flossenränder. Größe: Männchen bis 5 cm, Weibchen bis 7 cm. Biotop: Flache Bereiche nicht zu schnell fließender Gewässer aller Art in Südostasien. Becken: Ab 60 l. Bereich: Oben. Wasser: pH 5,5–8, 2–20 °dGH, 26–30 °C. Haltung: Becken mit leichter Strömung; Bepflanzung, die zur Oberfläche reicht, einige Schwimmpflanzen. Auch Brackwasseraquarium mit etwas Salzgehalt (bis 10 g/l). Vergesellschaftungstip: Friedliche Fische mittlerer und unterer Wasserschichten. Futter: Insekten, Mückenlarven, auch Trockenfutter. Geschlechtsunterschiede: Männchen kleiner, farbiger, Andropodium. Balzverhalten: Männchen bekämpfen sich untereinander so stark, daß meist auch in größeren Becken nur eines überlebt. Die Balz selbst ist wenig auffällig. Zucht: Schwierig. Weibchen vor dem Werfen isolieren; pro Wurf 5–30 Junge. Aufzuchtfutter: Die Jungen am besten mit einem Teelöffel zerhackter *Tubifex*, Springschwänze und *Artemia*-Nauplien pro Fütterung ernähren. Besonderes: Von dieser Art sind mehrere Varianten im Handel. Eine weitere Art der Gattung, *Dermogenys ebrardtii*, wird gelegentlich eingeführt. Sie weist in Haltung und Zucht wie auch in Körperform große Ähnlichkeiten mit *Nomorhamphus* (→ Seite 69) auf.

Rotschnabel-Hechtkärpfling

Hemirhamphodon pogonognathus

Aussehen: Noch gestreckter und schlanker als *D. pusillus,* bläulicher Körper. Größe: Beide Geschlechter bis etwa 10 cm. Biotop: In Fließgewässern auf der gesamten Malayischen Halbinsel. Becken: Ab 100 l. Bereich: Oben. Wasser: pH 5–8, 2–20 °dGH, 26–30 °C. Haltung: In Becken mit leichter Strömung, Bepflanzung, die bis zur Oberfläche reicht, einige Schwimmpflanzen. Keine abrupte Änderung der Wasserverhältnisse, anfällig gegen schlechte Wasserbedingungen. Futter: Insekten, Mückenlarven. Geschlechtsunter-

Pflegeanleitungen für Lebendgebärende

schiede: Männchen schlanker, mit Andropodium. Balzverhalten: Die Männchen bekämpfen sich untereinander nicht so ernsthaft wie andere Arten dieser Familie. Die Balz selbst ist wenig auffällig. Zucht: Sehr schwierig und bisher kaum gelungen. Im Art- oder Zuchtbecken ab 30 l, Weibchen vor dem Werfen isolieren. Während einer Wurfperiode werden täglich 1–4 Junge abgesetzt. Pro Wurf 3–20 Junge. Aufzuchtfutter: Die Jungen am besten mit einem Teelöffel zerhackter Tubifex, Springschwänzen und *Artemia*-Nauplien pro Fütterung ernähren.

Schwarzflossen-Halbschnäbler
Nomorhamphus liemi liemi und liemi snijdersi
Foto Seite 26
Aussehen: Deutlich kompakter als die vorher beschriebenen Halbschnäbler. Grundfarbe beige. Flossen mit viel Schwarz und Rot. Größe: Männchen bis 5 cm, Weibchen bis 10 cm. Biotop: Kühle Gebirgsbäche auf Sulawesi (Indonesien) bis über 1000 m Seehöhe. Becken: Ab 80 l. Bereich: Oben. Wasser: pH 6–7, 2–20 °dGH, 20–24 °C. Haltung: Kräftige Strömung, Schwimmpflanzen. Häufiger Wasserwechsel wichtig. Vergesellschaftungstip: Friedliche, nicht zu kleine Fische der mittleren und unteren Wasserregionen. Futter: Jungfische und Krebstierchen. Geschlechtsunterschiede: Männchen viel kleiner, farbiger, mit schwarzem Kinnfortsatz, Andropodium. Balzverhalten: Männchen bekämpfen sich so stark, daß nur eines überlebt. Die Balz selbst ist wenig auffällig. Zucht: Relativ leicht, wenn die Weibchen gut gefüttert wurden. Ablaichbecken mit dichter Schwimmpflanzendecke als Versteckmöglichkeit für die Jungen (2 cm groß); Eltern stellen den Jungtieren nach. Junge im Aufzuchtbecken großziehen; pro Wurf 3–10 Junge. Aufzuchtfutter: *Artemia*-Nauplien und anderes Lebendfutter. Besonderes: Die beiden Unterarten unterscheiden sich wenig, wobei *Nomorhamphus liemi*

snijdersi keine schwarz-rot gemusterten, sondern fast nur schwarze Flossen zeigt. Gelegentlich werden weitere Arten der Gattung angeboten, die identisch zu halten und zu züchten sind.

Vieraugenfische
Familie Anablepidae

Vieraugenfisch
Anableps anableps
Foto Seite 45
Aussehen: Gestreckter, zigarrenförmiger Körper; beigegrau. Größe: Männchen bis 20 cm, Weibchen bis 30 cm. Biotop: Langsam fließende Gewässer in Süßwasser bis hin zu Seewasser, allerdings meist in Brackwasser. Ist in Mittelamerika und den nordöstlichen Küstengebieten Südamerikas weit verbreitet. Becken: Ab 250 l. Bereich: Oben. Wasser: pH 6,5–8,5, 10–50 °dGH, 24–26 °C. Haltung: Schwierig; große, flache Becken (20 cm Wasserhöhe) ohne Bepflanzung mit Versteckmöglichkeiten aus Stein; Brackwasser, vorsichtige Eingewöhnung mit 10 g Salz auf 1 l Wasser, später nach und nach Umgewöhnung auf Süßwasser möglich. Futter: Trockenfutterflocken, Mehlwürmer, Fliegen. Geschlechtsunterschiede: Männchen schlank, mit röhrenartigem Gonopodium. Balzverhalten: Wenig auffällig; das Männchen nähert sich dem Weibchen von hinten und stimuliert es durch Stupsen, bevor es zur Begattung kommt. Zucht: Im Artbecken; schwierig. Nur gut gepflegte Weibchen werfen Junge, Alttiere stellen den Jungen nach; pro Wurf 1–10 Junge. Aufzuchtfutter: Kleines Lebendfutter. Besonderes: Durch ihr eingeschnürtes Auge sind diese Fische in der Lage, gleichzeitig über und unter Wasser zu sehen. Achtung, gute Springer!

Register

Aus Liebe und Verantwortung

Heimtiere machen nicht nur Kindern, sondern der ganzen Familie viel Freude. Und ob Hund, Hamster oder Wellensittich – wer sich einmal an den kleinen Liebling gewöhnt hat, möchte ihn nicht mehr missen. Deshalb ist es wichtig, über die Bedürfnisse der Tiere wirklich Bescheid zu wissen. Die **GU Tier-Ratgeber** – von anerkannten Autoren geschrieben – sind ideal als Helfer bei der artgerechten Haltung mit Herz und Verstand. GU Ratgeber gibt es zu allen beliebten Tierarten. Sie sind auch für Kinder geeignet, die ihr Tier selbst versorgen wollen.

DER GROSSE GU RATGEBER

Ulrich Klever

HUNDE

Experten-Rat für die Hundehaltung mit Herz und Verstand

GU GRÄFE UND UNZER

Änderungen und Irrtum vorbehalten.

Mehr draus machen. Mit GU. **GU** GRÄFE UND UNZER

Register / Literatur / Adressen

Adressen, die weiterhelfen

Deutsche Gesellschaft für Lebendgebärende Zahnkarpfen e. V. (DLGZ), Bernd Poßeckert, Streustr. 71, 13086 Berlin

Deutsche Guppy-Föderation e. V. (DGF), Geschäftsführer: Günter Tischmann, Thyssenstr. 28, 13407 Berlin

Gesellschaft der Guppy-Züchter in Deutschland, Vorsitzender: Horst Schillar, Prenzlauer Allee 46, 10405 Berlin

Bei Anfragen bitte einen frankierten Rückumschlag beilegen.

Zeitschriften

Aquarium heute. Aquadocumenta Verlag, Bielefeld.
DATZ *Die Aquarien- und Terrarienzeitschrift.* Eugen Ulmer Verlag, Stuttgart.
Das Aquarium. Birgit Schmettkamp Verlag, Bornheim.
DATZ-Rundschau. Vierteljährliche DGLZ-Vereinszeitschrift.
Der Guppy-Brief, Informationsschrift der Deutschen Guppy-Föderation e. V.
TI. Tetra Verlag, Melle.

Literatur
(falls nicht im Buchhandel, dann in Bibliotheken erhältlich)

Bassler, G.: *Bildatlas der Fischkrankheiten.* Naturbuch Verlag, Augsburg 1990

Brembach, M.: *Lebendgebärende Halbschnäbler,* Verlag Natur und Wissenschaft, Solingen 1991.
Friedrich, U./W. Volland: *Futtertierzucht* Eugen Ulmer Verlag, Stuttgart 1992.
Gärtner, G.: *Zahnkarpfen.* Eugen Ulmer Verlag, Stuttgart 1981.
Hieronimus, H.: *Hochlandkärpflinge. Die Familie Goodeidae.* Westarp-Verlag, Essen 1993.
Luckmann, H.: *Guppys.* Kosmos-Verlag, Stuttgart 1978.
Meyer, M. K./Wischnath, L./Förster, W.: *Lebendgebärende Zierfische.* Mergus-Verlag, Melle 1985.
Petzold, H.-G.: *Der Guppy.* A. Ziemsen-Verlag, Wittenberg Lutherstadt, 3. Auflage 1988.
Plöger-Brembach, K.: *Lebendgebärende,* Kernen-Verlag, Stuttgart 1982.
Riehl, R./Baensch, Hans A.: *Aquarien-Atlas Bd. 1-3.* Mergus Verlag, Melle 1981 – 1989.
Scheurmann, I.: *Aquarienfische züchten.,* Gräfe und Unzer Verlag, München 1989.
Scheurmann, I.: *Aquarium für Süßwasserfische und Pflanzen,* Gräfe und Unzer Verlag, München 1985.
Scheurmann, I.: *Pflanzen fürs Aquarium,* Gräfe und Unzer Verlag, München 1992.
Schliewen, U.: *Der große GU Ratgeber Wasserwelt Aquarium,* Gräfe und Unzer Verlag, München 1991.
Schröder, J. H.: *Vererbungslehre für Aquarianer.* Kosmos-Verlag, Stuttgart 1974.
Stallknecht, H.: *Lebendgebärende Zahnkarpfen,* Neumann-Verlag, Leipzig und Radebeul 1989.
Untergasser, D.: *Krankheiten der Aquarienfische.* Kosmos-Verlag, Stuttgart 1989.

Lebendgebärende Zahnkarpfen.
Das Männchen des Segelflossenkärpflings *(Poecilia velifera)* hat eine hohe segelartige Rückenflosse.